미래와 통하는 책

동양북스 외국어
베스트 도서

700만 독자의 선택!

새로운 도서,
다양한 자료
동양북스
홈페이지에서
만나보세요!

www.dongyangbooks.com
m.dongyangbooks.com

※ 학습자료 및 MP3 제공 여부는 도서마다 상이하므로 확인 후 이용 바랍니다.

홈페이지 도서 자료실에서 학습자료 및 MP3 무료 다운로드

PC

❶ 홈페이지 접속 후 도서 자료실 클릭
❷ 하단 검색 창에 검색어 입력
❸ MP3, 정답과 해설, 부가자료 등 첨부파일 다운로드
　* 원하는 자료가 없는 경우 '요청하기' 클릭!

MOBILE

* 반드시 '인터넷, Safari, Chrome' App을 이용하여 홈페이지에 접속해주세요. (네이버, 다음 App 이용 시 첨부파일의 확장자명이 변경되어 저장되는 오류가 발생할 수 있습니다.)

❶ 홈페이지 접속 후 ☰ 터치

❷ 도서 자료실 터치

❸ 하단 검색창에 검색어 입력
❹ MP3, 정답과 해설, 부가자료 등 첨부파일 다운로드
　* 압축 해제 방법은 '다운로드 Tip' 참고

일본어뱅크

요로시쿠 일본어

오기노 신사쿠 · 주인원 · 기타노 다카시 · 우미노 와카미 ·
후까마치 마리 · 강미진 · 안진희 · 정희순 공저

2
STEP

동양북스

일본어뱅크

요로시쿠 일본어 STEP 2

초판 4쇄 | 2024년 4월 10일

저 자 | 오기노 신사쿠·주인원·기타노 다카시·우미노 와카미·후까마치 마리·강미진·안진희·정희순
발행인 | 김태웅
책임 편집 | 길혜진, 이서인
일러스트 | 김정은
디자인 | 남은혜, 김지혜
마케팅 총괄 | 김철영
온라인 마케팅 | 김은진
제 작 | 현대순

발행처 | (주)동양북스
등 록 | 제 2014-000055호
주 소 | 서울시 마포구 동교로22길 14 (04030)
구입 문의 | 전화 (02)337-1737   팩스 (02)334-6624
내용 문의 | 전화 (02)337-1762   dybooks2@gmail.com

ISBN 979-11-5768-594-3
      979-11-5768-537-0 (세트)

이 도서의 국립중앙도서관 출판예정도서목록(CIP)은 서지정보유통지원시스템 홈페이지(http://seoji.nl.go.kr)와 국가자료
종합목록 구축시스템(http://kolis-net.nl.go.kr)에서 이용하실 수 있습니다. (CIP제어번호 :CIP2020004281)

머리말

한국과 일본, 양국은 어느 때보다 중요한 시대를 맞이하고 있습니다. 민간 교류도 활발하며 대학을 비롯한 교육기관에서는 일본 여행을 위해 일본어를 배우려는 학생들이 일본어 학습의 문을 꾸준히 두드리고 있습니다. 그런데 대부분의 일본어 교재는 진도가 나갈수록 학습의 양이 많아지고 어려워지는 바람에 큰 기대를 품고 시작했음에도 겨우 입문·초급 책 한 권 끝내고 포기하고 마는 학생들이 적지 않은 실정입니다. "일본 여행에 필요한 내용을 필요한 만큼만 최소한으로 배울 수 있다면…." 이 교재는 이러한 학생들의 요구에 부응하기 위해 만들었습니다.

이 교재는 다른 일본어 교재와 다른 세 가지 차별성을 갖습니다.

첫째, 학습 내용의 실용성입니다. 이 교재는 대화문을 비롯하여 문법 설명에 필요한 예문에 이르기까지 어휘, 문법, 표현 세 가지 차원에서 모두 일본 사람들이 현지에서 실제로 사용하는 것들로만 구성하였습니다. 또한 연습 문제에서는 회화에 필요한 말하기와 듣기 연습을 중심으로 구성하여 말하고 듣는 연습을 강화시킴으로써 짧은 시간에 효율적으로 회화 능력을 기를 수 있도록 하였습니다.

둘째, 학습의 용이성과 효율성입니다. 외국어 학습에서 가장 힘든 부분이 암기입니다. 교재에 되도록 많은 어휘, 문법, 표현을 실어 많은 지식을 학습자에게 제공하는 것도 좋지만 이것이 결국 외국어 학습 입문 시기에서는 큰 부담이 됩니다. 이 교재는 기존 교재에 있던 선택적인 어휘, 문법, 표현을 제외하고 일본 여행 때 필요한 최소한의 것들로만 구성하여 기존의 교재 대비 75% 정도의 학습 부담으로 일본 여행에 필요한 모든 것을 쉽게 배울 수 있습니다.

셋째, 현장성입니다. 일본어 교재를 통해 마치 일본 여행 중인 것처럼 느낄 수 있도록 일본에 도착할 때부터 떠날 때까지 학습자들이 자주 찾아가는 곳들을 배경으로 각 단원의 대화문을 순서대로 구성하였습니다. 또한 현장감을 더하기 위해 일본 여행에 도움이 되는 일본 문화에 관련된 조언이나 한번은 가 볼 만한 음식점이나 상점을 소개하는 일본 여행 맛보기 파트를 각 단원마다 추가하였습니다.

이 교재는 일본 여행에 큰 도움이 되었으면 하는 마음으로 구성하였으며 한 학기 동안 일본어를 배운 다음 방학 때 일본 여행을 가서 배운 표현들은 실제로 사용했으면 하는 바람입니다.

저자 일동

이 책의 구성

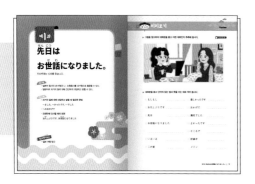

들어가기

각 과의 학습 목표와 학습 내용을 미리 살펴봅니다.

미리보기

그림과 음성을 통해 대화의 내용을 추측해 봅니다. 또한 '회화'에 나올 주요 단어가 미리 제시되어 있어 예습과 복습에 활용할 수 있습니다.

단어

'회화'에 나오는 주요 단어들의 읽기와 뜻을 제시해 두었습니다.

회화

일본 여행을 주제로, 실용적인 대화문을 구성하였으며, 대화문 아래에는 더욱 자연스러운 일본어 회화를 위한 팁을 실었습니다.

문형과 표현

각 과의 주제와 관련된 주요 문형과 표현들을 다양한 예문과 함께 실었습니다. 일본 여행에서 활용도가 높은 단어와 예문으로 구성하여 쉽고 재미있게 공부할 수 있습니다.

말하기 연습

'문형과 표현'에서 배운 내용을 토대로 단어를 바꿔 말해 보면서 말하기 기초를 탄탄히 다지고 바로 실제 회화에서 쓸 수 있도록 도와줍니다.

듣기 연습

'빈칸 채우기', '질문에 알맞은 답 고르기' 등의 연습을 통해 자연스러운 발음을 익히고, 일본어 듣기 자신감을 키울 수 있습니다.

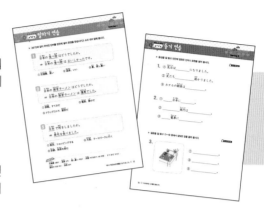

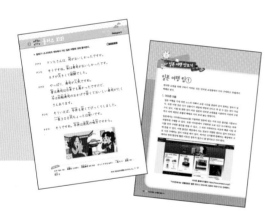

플러스 회화

'회화'에서 한 단계 더 나아간 실용적인 회화문 입니다. 일본 여행에서 도움이 될 만한 단어와 표현으로 구성하여 재미있게 공부할 수 있습니다.

일본 여행 맛보기

일본 여행에 도움이 되는 문화 상식을 비롯하여 한번은 가 볼 만한 음식점이나 상점 등을 소개 하였습니다.

권말부록

권말에는 본문에 나온 '회화 해석'과
'듣기 연습 스크립트'를 수록하였습니다.

차례

先日は
せんじつ

お世話になりました。
せ わ

지난번에는 신세를 졌습니다.

- 일본어 동사의 ます형과 い、な형용사를 과거형으로 활용할 수 있다.
- 일본어로 과거의 일에 대해 간단하게 대답하고 말할 수 있다.

- 과거의 일에 대해 대답하고 말할 때 필요한 문법

  〜ました, 〜かったです, 〜でした

- 〜のおかげで

- 오랜만에 인사할 때의 표현
  お久しぶりです, お世話になりました
  ひさ   せ わ

- 일본 여행 팁①

▶ 그림을 참고하여 대화문을 듣고 어떤 대화인지 추측해 봅시다.

 Track 01-01

▶ 대화문을 듣고 단어의 읽는 법과 뜻을 아는 대로 적어 봅시다.

□ もしもし	□ 楽しかったです
□ お久しぶりです	□ おかげで
□ 先日	□ 満足でした
□ お世話になりました	□ よかったです
	□ ところで
□ いえいえ	□ 計画中
□ この前	□ メイン

▶ 앞에 나온 단어의 읽는 법과 뜻을 확인해 봅시다.

- [ ] もしもし 여보세요
- [ ] おかげで 덕분에

- [ ] お久^{ひさ}しぶりです 오랜만입니다
- [ ] 満足^{まんぞく}でした 만족했습니다

- [ ] 先日^{せんじつ} 지난번
- [ ] よかったです 다행입니다

- [ ] お世話^{せ わ}になりました 신세를 졌습니다
- [ ] ところで 그런데

- [ ] いえいえ 천만에요
- [ ] 計画中^{けいかくちゅう} 계획 중

- [ ] この前^{まえ} 얼마 전
- [ ] メイン 중심

- [ ] 楽^{たの}しかったです 즐거웠습니다

▶ 동희가 나나미에게 오랜만에 메시지 앱으로 무료 전화를 건다.

🎧 Track 01-01

ドンヒ　　もしもし、ナナミさん？

ナナミ　　ドンヒさん？　お久しぶりです。

ドンヒ　　先日はお世話になりました。

ナナミ　　いえいえ。この前は楽しかったです。

ドンヒ　　ナナミさんのおかげで、おいしいものをたくさん
　　　　　食べました。本当に大満足でした。

ナナミ　　じゃあ、よかったです。
　　　　　ドンヒさん、ところでいつ日本に来ますか。

ドンヒ　　今計画中です。今度は観光メインがいいです。

ナナミ　　分かりました。じゃあ、また連絡ください。

일본어로 '천만에요'는 'どういたしまして'로만 배우는 경우가 많은데 회화에서는 '아니요'에 해당하는 'い
いえ'를 두 번 줄여서 짧게 'いえいえ'라고 말하기도 한다.

문형과 표현

01 동사 **ます**형의 과거형 활용

그룹	그룹 식별 방법	활용 방법	예시
1	○○る→× る로 끝나지 않는 모든 동사	う단 → い단 + ました	行^いく → 行^いきました (가다)　(갔습니다)
	○○る る 직전 히라가나가 あ, う, お단		乗^のる → 乗^のりました (타다)　(탔습니다)
	예외(형태는 2그룹 동사) 帰^{かえ}る　etc…		帰^{かえ}る → 帰^{かえ}りました (돌아가다)　(돌아갔습니다)
2	○○る る 직전 히라가나가 い, え단	○○る + ました	見^みる → 見^みました (보다)　(봤습니다)
			食^たべる → 食^たべました (먹다)　(먹었습니다)
3	来る		来^くる → 来^きました (오다)　(왔습니다)
	する		する → しました (하다)　(했습니다)

> **포인트**
>
> 동사의 **ます**형 활용에서 가장 중요한 것은 동사의 그룹 식별이다. 동사를 보고 그 동사가 몇 번의 그룹인지 알아낼 수 있어야만 그룹에 맞는 활용 방법으로 정확히 활용할 수 있다. 특히 る로 끝나는 동사의 그룹을 제대로 식별할 수 있도록 해야 한다.

02 **ます**형의 과거 부정형

ます → ませんでした	行^いきます → 行^いきませんでした (갑니다)　(가지 않았습니다)

03 い형용사의 과거형 활용

활용형	활용 방법	예시
기본형	○○い	小<ruby>ちい</ruby>さい(작다)
복습 부사형	기본형의 ~~い~~ + く	小<ruby>ちい</ruby>さく(작게)
복습 기본 부정형	부사형 + ない	小<ruby>ちい</ruby>さくない(작지 않다)
기본 과거형	기본형의 ~~い~~ → かった	小<ruby>ちい</ruby>さかった(작았다)
정중 과거형	기본형의 ~~い~~ → かったです	小<ruby>ちい</ruby>さかったです(작았습니다)
기본 과거 부정형	기본 부정형의 ~~い~~ + かった	小<ruby>ちい</ruby>さくなかった(작지 않았다)
정중 과거 부정형	기본 부정형의 ~~い~~ + かったです	小<ruby>ちい</ruby>さくなかったです (작지 않았습니다)

04 な형용사의 과거형 활용

활용형	활용 방법	예시
기본형	○○だ	好<ruby>す</ruby>きだ(좋아하다)
복습 기본 부정형	기본형의 ~~だ~~ + じゃない	好<ruby>す</ruby>きじゃない(좋아하지 않다)
기본 과거형	기본형의 ~~だ~~ → だった	好<ruby>す</ruby>きだった(좋아했다)
정중 과거형	기본형의 ~~だ~~ → でした	好<ruby>す</ruby>きでした(좋아했습니다)
기본 과거 부정형	기본 부정형의 ~~い~~ + かった	好<ruby>す</ruby>きじゃなかった (좋아하지 않았다)
정중 과거 부정형	기본 부정형의 ~~い~~ + かったです	好<ruby>す</ruby>きじゃなかったです (좋아하지 않았습니다)

> **포인트**
>
> な형용사의 정중 과거형을 'だったです'로 활용하는 오류가 많으니 조심해야 한다. 또한 な형용사의 과거 부정형은 な형용사의 부정형이 'い'로 끝나기 때문에 い형용사로 취급하여 い형용사의 과거 부정형 활용 방법과 같다.

05 명사 + のおかげで ~덕분에

あなたのおかげで助かりました。

駅員さんのおかげで電車に間に合いました。

親切な人たちのおかげで道に迷いませんでした。

06 오랜만에 만날 때의 인사 표현 お久しぶりです

~오랜만입니다

お久しぶりです。

お世話になりました。

새로운 단어

助かる 살아나다, 도움이 되다 ┃ 駅員 역무원 ┃ 間に合う 시간에 맞다 ┃ 親切だ 친절하다 ┃
道に迷う 길을 헤매다

▶ 〈보기〉와 같이 주어진 단어를 빈칸에 넣어 문장을 완성시키고 소리 내어 말해 봅시다.

1

日本の 食べ物 はどうでしたか。

➡ 日本の 食べ物 は おいしかったです。

① 交通費、高い　　② 温泉、いい　　③ 夏、蒸し暑い

2

日本の 豚骨ラーメン はどうでしたか。

➡ 日本の 豚骨ラーメン は 濃厚でした。

① 旅館、すてきだ　　② 電車、静かだ

③ ドラッグストア、激安だ

3

日本 で何をしましたか。

➡ 寿司を食べました。

① 東京、ショッピングする　　② 大阪、テーマパークに行く

③ 京都、抹茶を飲む

 새로운 단어

交通費 교통비 ｜ 温泉 온천 ｜ 蒸し暑い 무덥다 ｜ 旅館 여관(일본식 고급 호텔) ｜ すてきだ 멋지다 ｜
激安だ 엄청 싸다 ｜ 抹茶 말차

▶ 음성을 잘 듣고 빈칸에 알맞은 단어나 표현을 넣어 봅시다.　🎧 Track 01-02

1. ① 先日は＿＿＿＿になりました。

② 友だち＿＿＿＿＿助かりました。

③ ホテルの朝食は＿＿＿＿＿。

2. ① ＿＿＿日本に＿＿＿＿。

② ＿＿＿＿＿旅行は＿＿＿＿＿＿。

③ ＿＿＿電車に＿＿＿＿＿＿。

▶ 질문을 잘 듣고 ①～③ 중에서 알맞은 답을 골라 봅시다.　🎧 Track 01-03

3.

① ＿＿＿＿＿＿＿。

② ＿＿＿＿＿＿＿。

③ ＿＿＿＿＿＿＿。

▶ 동희가 나나미에게 계속해서 지난 일본 여행에 대해 물어본다. 🎧 Track 01-04

ナナミ　ドンヒさんは、何がおいしかったですか。

ドンヒ　そうですね。私は寿司がおいしかったです。
　　　　ネタが大きくて新鮮でした。

ナナミ　やっぱり、寿司が人気ですね。
　　　　昔は寿司は日本でも高かったですけど、
　　　　今は回転寿司のおかげで安くておいしい寿司が
　　　　たくさんあります。

ドンヒ　そういえば、牛丼も安くてびっくりしました。
　　　　一食３００円ちょっとは安いです。

ナナミ　そうですね。牛丼は庶民の味方ですから。

새로운 단어

ネタ 재료, 자료 ｜ 新鮮だ 신선하다 ｜ 回転寿司 회전 초밥 ｜ びっくりする 놀라다 ｜ 一食 한 끼 ｜ 庶民 서민 ｜
味方 편

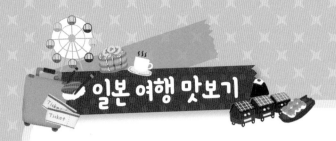
일본 여행 팁 ①

편리한 쇼핑을 위해 구하기 어려운 것은 인터넷 쇼핑몰에서 미리 구매하고 호텔에서 택배로 받자.

1. 아마존 이용

일본 여행을 가게 되면 노느라 바빠서 쇼핑 시간을 충분히 갖지 못하는 경우가 있다. 또한 어떤 것은 인기 상품이기 때문에 매장에 간다고 꼭 살 수 있는 것이 아닐 수도 있다. 이럴 때 편한 것이 바로 일본의 인터넷 쇼핑몰을 이용하여 사전에 구매하고 숙박 예정인 호텔에 택배로 미리 보내 놓는 방법이다.

일본에서는 아마존(Amazon)을 이용하면 일본에 있는 거의 모든 물건을 시중보다 저렴하게 구매할 수 있다. 또한 아마존에서 구매하면 도쿄 인근 도시에서는 하루 이틀 만에 구매한 물건을 받을 수 있고, 그 외의 지역에서도 비교적 빠른 시일 내에 받을 수 있다. 어떤 물건은 매장에서 사는 것보다 저렴한 경우도 있어 인터넷으로 사전 구매하는 것이 이득일 때가 있다. 하지만 고가품에 한해서는 매장에서 구매하면 면세 할인에 훨씬 이득인 경우가 있으니 잘 알아보고 사야 한다.

아마존 홈페이지(출처: https://www.amazon.co.jp/)

*아마존에서는 생활용품은 물론 옷이나 국외서적, 컴퓨터 주변기기도 판매한다.

2. 호텔에 택배를 보내는 방법

호텔에 택배를 미리 보내 놓을 때는 수취인 란에 몇월 며칠부터 몇박이라고 숙박 일정을 기입하고, 그 뒤에 본인의 성명을 영문자나 가타카나로 기입해야 한다. 예를 들어, 3월1일부터 2박의 예정이라면 영문자로 '2night from 3/1 + 본인의 성명' 혹은 일본어로 '3/1から2泊 + 본인의 성명'처럼 기입하면 된다.

注文日	合計	お届け先
2019年5月19日	￥ 1,439	5月23日から1泊 荻野晋作 ⌄

2019/05/22に配達しました

【第3類医薬品】ロイヒつぼ膏クール 156枚 ×2
販売: 通販できるみんなのお薬
￥ 1,439

再度購入

아마존 마이페이지 주문 이력(출처: https://www.amazon.co.jp/)
*아마존 구매 시의 수취인 란 실제 기입 예시이다.

お城とか街並みを
見るつもりです。

しろ まち な み

성이나 길거리 풍경을 볼 생각입니다.

학습 목표

- 일본어로 자신의 일정이나 생각을 말할 수 있다.
- 일본어 조사 で의 용법을 이해한다.

학습 내용

- 자신의 일정이나 생각을 나타낼 때 필요한 문법

  ～つもりです, ～と思います
  おも

- ～前に
  まえ

- 조사 で의 용법

- 거절하는 표현, 거절을 받아들이는 표현

  ～はちょっと…, 大丈夫です
  だいじょうぶ

일본 여행 맛보기

- 일본 여행 팁②

▶ 그림을 참고하여 대화문을 듣고 어떤 대화인지 추측해 봅시다. Track 02-01

▶ 대화문을 듣고 단어의 읽는 법과 뜻을 아는 대로 적어 봅시다.

☐ 計画を立てました　　　　　　　　☐ 神社

☐ と思います

☐ 感じ　　　　　　　　　　　　　　☐ やっぱり

☐ 奈良　　　　　　　　　　　　　　☐ 前に

☐ まず　　　　　　　　　　　　　　☐ 仕事

☐ お城　　　　　　　　　　　　　　☐ はちょっと

☐ 街並み　　　　　　　　　　　　　☐ 大丈夫です

☐ つもりです

단어

▶ 앞에 나온 단어의 읽는 법과 뜻을 확인해 봅시다.

□ 計画を立てました
계획을 세웠습니다

□ 神社 신사

□ 感じ 느낌

□ と思います 고 생각합니다

□ 奈良 나라(도시 이름)

□ やっぱり 역시

□ まず 먼저

□ 前に 전에

□ お城 성

□ 仕事 일

□ 街並み 길거리 풍경

□ はちょっと … 는 조금 그렇다

□ つもりです -ㄹ 생각입니다

□ 大丈夫です 괜찮습니다

▶ 동희가 메시지 앱으로 무료 전화를 다시 걸어 나나미에게 여행 일정에 대해 말한다.

🎧 Track 02-01

ドンヒ　ナナミさん、旅行の計画を立てました。

ナナミ　そうですか。どんな感じですか。

ドンヒ　今度は大阪、京都、奈良メインで観光したいです。
　　　　まず、大阪でお城とか街並みを見るつもりです。
　　　　それから、京都とか奈良で神社やお寺を見るつもり
　　　　です。あと、ナナミさんの出身の神戸も行きたいと
　　　　思います。

ナナミ　いいと思います。

ドンヒ　あっ、やっぱり大阪に行く前に東京にも行きたいで
　　　　す。

ナナミ　私は仕事がありますので、東京はちょっと…。

ドンヒ　あっ、大丈夫です。

회화 스킬업⁺⁺

일본 여행을 다니다 보면 현지에서 어떤 부탁을 해야 하는 경우가 생긴다. 대부분은 부탁을 들어 주겠지만 안타깝게도 거절을 당하는 경우도 있을 터. 이때 일본에서는 말을 끝까지 하지 않고 말끝을 흐리는 경향이 있기 때문에 그러한 낌새가 보이면 거절이라고 이해하고 '大丈夫です'라고 한마디하는 것이 좋다.

자신의 일정이나 생각을 나타낼 때 필요한 문법

01 동사 기본형 + つもりです

~ㄹ/을 생각입니다, ~ㄹ/을 예정입니다

今日から２泊３日滞在するつもりです。

明日は横浜の中華街に行くつもりです。

夜はホテルで休むつもりです。

02 동사, い형용사, な형용사 기본형 + と思います

~고 생각합니다

午後には友だちもホテルに来ると思います。

こっちのキーホルダーがかわいいと思います。

日本の初乗り料金は割高だと思います。

새로운 단어

滞在 체류 ｜ 横浜 요코하마(도시 이름) ｜ 中華街 차이나타운 ｜ 休む 쉬다 ｜ キーホルダー 열쇠고리 ｜
初乗り料金 기본 요금 ｜ 割高 비교적 비쌈

03 동사 기본형 + 前に ～기 전에

バスを降りる前に両替します。

電車に乗る前に切符を買います。

チェックアウトする前に部屋の中を確認します。

조사 で의 용법

04 복습 장소 + で(에서)

日本で地下鉄の乗り換えは不便でした。

韓国でラーメン屋はキムチが必要です。

冬はコンビニでおでんが人気です。

> **포인트**
> 일본어의 조사 'で' 외에도 'に'도 장소와 함께 사용하는데 'で'는 그 장소에서 어떤 행위나 현상이 일어날 때, 'に'는 그 장소에서 존재를 나타낼 때 사용한다. 따라서 'に'는 주로 'ある', 'いる' 등과 함께 쓴다.

문형과 표현

05 수단·방법, 도구, 재료, 이유 + で[(으)로]

駅までタクシーで来ました。(수단·방법)

ボールペンで入国カードを書きます。(도구)

日本の餅はもち米で作ります。(재료)

夏休みで空港に人がたくさんいます。(이유)

거절을 받아들이는 표현

06 〜はちょっと… 〜은/는 좀…

東京はちょっと…　etc…

大丈夫です。

タクシー 택시 | ボールペン 볼펜 | 入国カード 입국 카드 | 餅 떡 | もち米 찹쌀

말하기 연습

▶ 〈보기〉와 같이 주어진 단어를 빈칸에 넣어 문장을 완성시키고 소리 내어 말해 봅시다.

1

あのう、これはどうですか。

➡ <u>かわいい</u> と思^{おも}います。

① かっこいい　　　② すてきだ　　　③ 似合^{にあ}う

2

明日^{あした} は何^{なに}をするつもりですか。

➡ <u>明日^{あした}</u> は <u>京都^{きょうと}に行^いく</u> つもりです。

① 日曜日^{にちようび}、ショッピングする　　　② 今日^{きょう}、友^{とも}だちに会^あう

③ 金曜日^{きんようび}、テーマパークで遊^{あそ}ぶ

3

日本^{にほん}に行^いく 前^{まえ}に何^{なに}をしますか。

➡ <u>日本^{にほん}に行^いく</u> 前^{まえ}に <u>銀行^{ぎんこう}で両替^{りょうがえ}します</u>。

① ホテルに戻^{もど}る、買^かい物^{もの}する　　　② レストランに行^いく、予約^{よやく}する

③ 韓国^{かんこく}に帰^{かえ}る、お土産^{みやげ}を買^かう

 새로운 단어

似合^{にあ}う 어울리다 ｜ 遊^{あそ}ぶ 놀다 ｜ 銀行^{ぎんこう} 은행 ｜ 戻^{もど}る 돌아가다

▶ 음성을 잘 듣고 빈칸에 알맞은 단어나 표현을 넣어 봅시다. Track 02-02

1. ① チェックインする_____予約を確認します。

② 東京まで新幹線_____来ました。

③ 今日から1泊2日で宿泊する_____です

2. ① 冬休み_____駅に人が_____います。

② 昼は_____で寿司を食べる_____。

③ _____のキーホルダーがかわいい_____。

▶ 질문을 잘 듣고 ①~③ 중에서 알맞은 답을 골라 봅시다. Track 02-03

3.

① _____。

② _____。

③ _____。

▶ 나나미가 동희를 위해 도쿄 여행을 함께할 친구를 소개한다.

🎧 Track 02-04

ナナミ　ドンヒさん、大丈夫です。
　　　　私が東京の友だちを紹介します。

ドンヒ　本当ですか。

ナナミ　はい、もちろんです。
　　　　彼は高校時代の友だちで、今はフリーターです。
　　　　時間はたくさんあると思います。

ドンヒ　ありがとうございます。実は心配しました。

ナナミ　やっぱりそうだと思いました。
　　　　これが連絡先です。名前はカイトです。

ドンヒ　日本に行く前にLINEで一度連絡したいと思います。

새로운 단어

高校時代 고등학교 시절 │ フリーター 프리터(아르바이트로 생계를 유지하는 사람) │ 時間 시간 │ 実は 실은 │
心配する 걱정하다 │ 連絡先 연락처 │ LINE 라인

일본 여행 팁②

◇ 호텔 예약 사이트

최근에는 한국에서 자유 여행이 인기를 얻으면서 대부분의 한국 사람들은 일본 여행을 갈 때도 다른 나라에 여행을 갈 때처럼 세계적으로 유명한 예약 사이트를 이용하곤 할 것이다. 그런데 일본 사람들은 해외 호텔을 예약할 때는 몰라도 일본의 호텔을 예약할 때는 한국 사람들이 애용하는 예약 사이트를 사용하지 않는다. 많은 일본 사람들이 애용하는 호텔 예약 사이트는 바로 자란(じゃらん)이다. 다른 해외 유명 예약 사이트에 비해 자란만이 갖고 있는 장점을 정리하면 다음과 같다.

1. 일본의 호텔 예약 사이트이기 때문에 해외 유명 호텔 예약 사이트에 없는 숙박 플랜이 다양하게 준비되어 있다.

자란을 통해 일본의 호텔 예약을 시도하면 해외 호텔 예약 사이트보다 훨씬 많은 숙박 플랜이 올라와 있음을 확인할 수 있다. 예를 들어, 2주 전, 1달 전 조기 예약 할인 플랜, 시니어 세대를 위한 시니어 할인 플랜, 커플을 위한 체크아웃 시간 연장 플랜 등 가격이나 서비스 측면에서도 다양한 숙박 플랜을 구비 중이다.

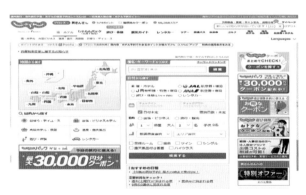

자란 홈페이지(출처: https://www.jalan.net/)

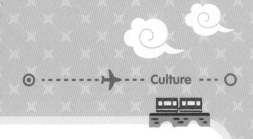
2. 세금이나 서비스 요금이 나중에 추가로 붙지 않는 최종 결제 금액을 바로 제시 해 준다.

해외 유명 호텔 예약 사이트를 사용하면 나중에 세금이나 서비스 요금이 추가되기 때문에 처음에 봤을 때의 가격과 실제로 예약할 때의 가격이 다른 경우가 있다. 처음에 저렴할 줄 알고 예약을 했다가 막상 결제를 하려면 애초에 생각했던 가격보다 지출이 많아졌던 경험을 한 사람들도 꽤 있을 것이다. 자란은 처음부터 세금이나 서비스 요금이 포함된 가격이 제시되기 때문에 그런 걱정을 안 해도 된다.

3. 예약금 필요없이 숙박비 결제를 현지에서 할 수 있다.

해외 유명 호텔 예약 사이트를 사용하면 몇 달 전, 몇 주 전에 예약을 함에도 불구하고 결제를 미리 해야 하는 경우가 많다. 자란은 기본적으로 현지 호텔에서 결제하는 방식을 취하고 있기 때문에 안심하고 예약할 수 있다.

자란 한국어 홈페이지(출처: https://www.jalan.net/kr/japan_hotels_ryokan/)

9時は

ちょっと早すぎです。

9시는 너무 이릅니다.

학습 목표

- 일본어로 사람의 행동이나 사물 상태의 변화에 대한 난이도, 지나침을 말할 수 있다.
- 조사 の의 용법을 이해한다.

학습 내용

- 사람의 행동이나 사물 상태의 변화에 대한 난이도, 지나침을 나타낼 때 필요한 문법

    〜やすい(やすいです), 〜にくい(にくいです), 〜すぎです

- 조사 の의 용법
- 특정 행동을 권유하는 표현

    〜のはどうですか

일본 여행 맛보기

- 일본 여행 팁③

▶ 그림을 참고하여 대화문을 듣고 어떤 대화인지 추측해 봅시다.   🎧 Track 03-01

▶ 대화문을 듣고 단어의 읽는 법과 뜻을 아는 대로 적어 봅시다.

☐ 話　　　　　　　　　　　　　☐ 芝公園

☐ いろいろ　　　　　　　　　　☐ 会うのはどうですか

☐ 東京タワー

☐ ぜひ　　　　　　　　　　　　☐ 早すぎです

☐ 行きやすい　　　　　　　　　☐ すぐ

☐ 最寄り駅　　　　　　　　　　☐ 置く

단어

Words

▶ 앞에 나온 단어의 읽는 법과 뜻을 확인해 봅시다.

□ <ruby>話<rt>はなし</rt></ruby> 이야기

□ <ruby>芝公園<rt>しばこうえん</rt></ruby> 시바코엔(역 이름)

□ いろいろ 여러 가지

□ <ruby>会<rt>あ</rt></ruby>うのはどうですか
만나는 것이 어때요

□ <ruby>東京<rt>とうきょう</rt></ruby>タワー 도쿄타워

□ <ruby>早<rt>はや</rt></ruby>すぎです 너무 빠릅니다

□ ぜひ 꼭

□ すぐ 바로

□ <ruby>行<rt>い</rt></ruby>きやすい 가기 쉬운

□ <ruby>置<rt>お</rt></ruby>く 두다

□ <ruby>最寄<rt>もよ</rt></ruby>り<ruby>駅<rt>えき</rt></ruby> 가장 가까운 역

▶ 동희가 도쿄에 가기 전날에 가이토와 메시지 앱으로 무료 통화를 한다.　　🎧 Track 03-01

| カイト | 話はナナミからいろいろ聞きました。 |

やっぱり東京タワーとか見たいですよね。

| ドンヒ | はい。あと、テーマパークにもぜひ行きたいです。 |

| カイト | じゃあ、明日は東京タワーに行きやすい最寄り駅の |

芝公園で9時に会うのはどうですか。

| ドンヒ | すみません。9時はちょっと早すぎです…。 |

8時に空港に到着で、ホテルにすぐ荷物を置きたくて。

| カイト | じゃあ、10時はどうですか。 |

| ドンヒ | 大丈夫です。明日からよろしくお願いします。 |

| カイト | 分かりました。じゃあ、また明日。 |

🐱 회화 스킬업

일본어로 대화를 하면서 빈번하게 쓰는 표현이 'よろしくお願いします'이다. 일본에서는 무언가를 부탁할 때는 물론 무언가를 부탁하지는 않더라도 인사말로 자신을 잘 챙겨 달라는 의미로도 자주 사용하니 꼭 외우도록 한다.

문형과 표현

사람의 행동이나 사물 상태의 변화에 대한 난이도, 지나침을 나타낼 때 필요한 문법

01 동사 **ます형 + やすい(やすいです)** ～하기 쉬운, ～하기 쉽습니다

壊れやすいものはありますか。

秋は天気が良くて、過ごしやすいです。

駅からバス停まで行きやすいです。

02 동사 **ます형 + にくい(にくいです)**

～하기 어려운, ～하기 어렵습니다

お土産に腐りにくいものを買います。

このスーツケースは重たくて、運びにくいです。

あのお店は予約が取りにくいです。

새로운 단어

壊れる 망가지다, 파손되다 | もの 것 | 秋 가을 | 天気 날씨 | 過ごす 지내다 | バス停 버스 정류장 |
腐る 상하다, 썩다 | 重い 무겁다 | 運ぶ 옮기다, 운반하다 | 予約を取る 예약하다

03 동사 **ます형**, **い형용사**의 **い**, **な형용사**의 **だ** + **すぎです** 너무(지나치게) ~하다

日本の食べ物がおいしくて、食べすぎです。

韓国のタクシーは安すぎです。

新幹線の中は静かすぎです。

04 조사 **の**의 용법

① 복습 명사A + **の** + 명사B(A≠B인 경우) ~의

あれは東京行きの電車です。

川井さんのカバンはどれですか。

② 복습 인명, 인칭대명사 + **の** ~의 것

この荷物は私のじゃありません。

私のはどれですか。

③ 명사A + の + 명사B(A=B인 경우) ~인

　　この人は友^{とも}だちのカイトさんです。

　　あれが日本^{にほん}で一番^{いちばん}高^{たか}い山^{やま}の富士山^{ふじさん}です。

④ 동사 + の ~는 것

　　地下鉄^{ちかてつ}で移動^{いどう}するのは大変^{たいへん}です。

　　上野公園^{うえのこうえん}で桜^{さくら}を見^みるのが最高^{さいこう}です。

특정 행동을 권유하는 표현

05 ～のはどうですか　　~는 것은 어떻습니까?

　　駅前^{えきまえ}で待^まち合^あわせするのはどうですか。

> ～のはどうですか는 동사 기본형은 물론이고, い형용사 기본형에도 붙여 쓸 수 있다.
> 다만, な형용사는 だ→な로 바꿔서 연결해야 한다.

새로운 단어

山^{やま} 산 | 富士山^{ふじさん} 후지산 | 移動^{いどう} 이동 | 大変^{たいへん}だ 힘들다 | 上野公園^{うえのこうえん} 우에노공원(도쿄에 있는 벚꽃으로 유명한 공원) |
桜^{さくら} 벚꽃 | 最高^{さいこう} 최고 | 駅前^{えきまえ} 역 앞 | 待^まち合^あわせ 만날 약속

▶ 〈보기〉와 같이 주어진 단어를 빈칸에 넣어 문장을 완성시키고 소리 내어 말해 봅시다.

1

あのう、このスーツケースはどうですか。

➡ <ruby>運<rt>はこ</rt></ruby>びやすい です。

① <ruby>使<rt>つか</rt></ruby>う　　　② <ruby>持<rt>も</rt></ruby>つ　　　③ <ruby>収納<rt>しゅうのう</rt></ruby>する

2

あのう、ホテル はどうでしたか。

➡ <ruby>探<rt>さが</rt></ruby>しにくかった です。

① お<ruby>土産<rt>みやげ</rt></ruby>、<ruby>食<rt>た</rt></ruby>べる　　　② <ruby>地下鉄<rt>ちかてつ</rt></ruby>、<ruby>乗<rt>の</rt></ruby>り<ruby>換<rt>か</rt></ruby>えする

③ レストラン、<ruby>予約<rt>よやく</rt></ruby>を<ruby>取<rt>と</rt></ruby>る

3

あのう、9<ruby>時<rt>じ</rt></ruby> はどうですか。

➡ ホテルに<ruby>荷物<rt>にもつ</rt></ruby>を<ruby>置<rt>お</rt></ruby>く のでちょっと <ruby>早<rt>はや</rt></ruby>すぎ です。

① <ruby>日本酒<rt>にほんしゅ</rt></ruby>、お<ruby>酒<rt>さけ</rt></ruby>に<ruby>弱<rt>よわ</rt></ruby>い、<ruby>強<rt>つよ</rt></ruby>い　　　② 12<ruby>時<rt>じ</rt></ruby>、<ruby>有名<rt>ゆうめい</rt></ruby>なお<ruby>店<rt>みせ</rt></ruby>、<ruby>遅<rt>おそ</rt></ruby>い

③ あのカフェ、<ruby>人<rt>ひと</rt></ruby>が<ruby>多<rt>おお</rt></ruby>い、うるさい

새로운 단어

<ruby>持<rt>も</rt></ruby>つ 들다 | <ruby>収納<rt>しゅうのう</rt></ruby>する 수납하다 | <ruby>弱<rt>よわ</rt></ruby>い 약하다 | <ruby>強<rt>つよ</rt></ruby>い 세다, 강하다

듣기 연습

▶ 음성을 잘 듣고 빈칸에 알맞은 단어나 표현을 넣어 봅시다. 　Track 03-02

1. ① バスで行く＿＿＿＿は大変ですか。

② 秋は天気が良くて、旅行し＿＿＿＿＿＿です。

③ 日本の地下鉄は高＿＿＿＿＿＿です。

2. ① 荷物が＿＿＿＿＿＿、＿＿＿＿＿＿＿です。

② ＿＿＿＿＿からホテルまで＿＿＿＿＿＿ですか。

③ ＿＿＿＿＿に＿＿＿＿＿＿＿＿のはどうですか。

▶ 질문을 잘 듣고 ①～③ 중에서 알맞은 답을 골라 봅시다. 　Track 03-03

3.

① ＿＿＿＿＿＿＿＿＿＿＿。

② ＿＿＿＿＿＿＿＿＿＿＿。

③ ＿＿＿＿＿＿＿＿＿＿＿。

▶ 가이토가 목적지에 먼저 도착해서 동희에게 전화를 건다.

🎧 Track 03-04

カイト	芝公園駅にちょっと早く着きました。

ドンヒさんは、今どこですか。

ドンヒ	すみません。あともう少しかかると思います。

ホテルが探しにくい場所にあって、

思ったより時間がかかりました。

カイト	大丈夫です。駅前のコンビニにいますので、

降りる前に連絡してください。

駅の改札前に行きます。

ドンヒ	すみません。よろしくお願いします。

새로운 단어

着く 도착하다 | もう少し 조금 더 | かかる 걸리다 | 思ったより 생각보다 | 改札 개찰구

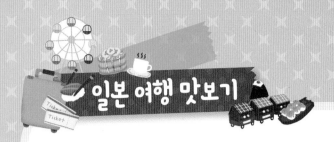

일본 여행 팁③

1. 대중교통 시간표와 예상 소요 시간 및 요금 검색

자유 여행을 할 때 꼭 이용해야 하는 것이 대중교통이다. 일본의 대중교통은 한국과 마찬가지로 전철, 지하철, 버스 등이 있는데 한국과 다른 점은 거의 모든 대중교통에 시간표가 있고 시간표대로 시간을 잘 지켜 운행되고 있다는 것이다. 따라서 자유 여행 때 미리 대중교통의 시간표를 알면 어디부터 어디까지 시간이 얼마나 걸리고 요금이 얼마인지까지 확인할 수 있기 때문에 여행 계획에 큰 도움을 줄 것이다. 여기서는 야후 노선 정보(Yahoo!路線情報)를 소개하고자 한다. 야후 노선 정보는 전국의 전철, 지하철, 버스와 연계된 환승 정보는 물론, 전철, 지하철의 운행 정보, 비행기 출발 · 도착 정보까지 한 번에 검색할 수 있다. 특히 자연재해가 많은 일본에서는 갑작스러운 지진, 태풍 등에 대비해 여행 중에 언제든지 전철, 지하철의 운행 정보나 비행기 출발 · 도착 정보에 접속할 수 있게 해 두는 것이 중요하다.

운행 정보 확인 화면(출처: https://transit.yahoo.co.jp/traininfo/top)
*전철, 지하철의 운행 정보, 비행기 출발 · 도착 정보에 변경이 있을 때 느낌표 표시가 있다.

2. 환승 정보 검색 방법

출발지와 도착지에 전철, 지하철 역이나 버스 정거장 이름을 입력하고 검색 버튼을 누르면 현 시각에 출발지에서 무슨 대중교통 수단을 이용하여 도착지까지 시간이 얼마나 걸리고 요금이 얼마인지 한 번에 나온다.

검색된 환승 정보를 보면 도착 시간 우선, 환승 횟수 우선, 요금 우선에 따른 환승 경로를 제시해 준다. 일단 빨리 가고 싶다면 빠름을 뜻하는 조(早)마크, 최소 환승으로 가고 싶다면 편함을 뜻하는 (楽)마크, 싸게 가고 싶다면 저렴함을 뜻하는(安)마크가 붙어 있는 환승 경로를 참고하면 된다.

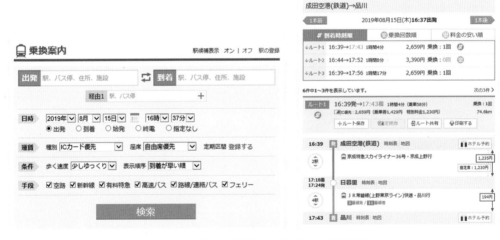

환승 검색 화면과 검색 결과 화면(출처: https://transit.yahoo.co.jp/)

本当に来て良かったです。

ほん とう　き　　よ

정말로 와서 좋았습니다.

학습 목표

- 동사를 て형으로 활용할 수 있다.
- 일본어로 동사와 동사를 연결하거나 문장을 확장할 수 있다.

학습 내용

- **동사의 て형**
- ~方、~ながら、~という
  - かた
- **권유에 동의하는 표현**

  ~のもいいですね

일본 여행 맛보기

- 일본의 수도, 도쿄①

▶ 그림을 참고하여 대화문을 듣고 어떤 대화인지 추측해 봅시다.

Track 04-01

▶ 대화문을 듣고 단어의 읽는 법과 뜻을 아는 대로 적어 봅시다.

□ 登り方 .... □ 見ながら ....

□ 2つ .... □ いえ ....

□ 1つ .... □ 楽して ....

□ 歩いて .... □ スカイツリー ....

□ エレベーター .... □ ～という ....

□ 乗って .... □ すごく ....

□ 景色 .... □ 来て ....

단어

▶ 앞에 나온 단어의 읽는 법과 뜻을 확인해 봅시다.

□ 登り方 올라가는 방법　　　□ 見ながら 보면서

□ 2つ 2개　　　□ いえ 아니요(구어체)

□ 1つ 1개　　　□ 楽して 편하게 해서

□ 歩いて 걸어서　　　□ スカイツリー 스카이트리

□ エレベーター 엘리베이터　　　□ ～という ~(이)라는

□ 乗って 타서　　　□ すごく 엄청

□ 景色 경치　　　□ 来て 와서

▶ 동희와 가이토가 도쿄 타워 앞에 서서 이야기를 나눈다.

🎧 Track 04-01

ドンヒ　　ここが東京タワーですか。

カイト　　ドンヒさん、東京タワーは登り方が2つありますけ
　　　　　ど、どうしますか。
　　　　　1つは歩いて登ります。もう1つはエレベーターに
　　　　　乗って登ります。

ドンヒ　　エレベーターが便利ですけど、景色を見ながら
　　　　　歩いて登るのもいいですね。

カイト　　じゃあ、歩いて登りますか。

ドンヒ　　いえ、私は楽して登りたいので、エレベーター
　　　　　です。

カイト　　ドンヒさん、あれはスカイツリーというタワーです。

ドンヒ　　すごく高いです。景色も良くて、本当に来て良かっ
　　　　　たです。

🐱 회화 스킬업➕➕

일본어로 '네', '아니요'는 'はい', 'いいえ'로만 알고 있는 사람들도 많을 것이다. 하지만 일본에서 특히 회화
체에서는 'はい'를 'ええ', 'いいえ'를 'いえ'로 자주 표현한다.

동사와 동사의 연결이나 문장을 확장할 때 필요한 문법
01 동사의 て형 활용

그룹	그룹 식별 방법	활용 방법	예시
1	○○る→× る로 끝나지 않는 모든 동사	う、つ、る → って	乗る → 乗って (타다)　(타고, 타서)
		ぬ、む、ぶ → んで	飲む → 飲んで (마시다)　(마시고, 마셔서)
	○○る る 직전 히라가나가 あ, う, お단	く → いて	書く → 書いて (쓰다)　(쓰고, 써서)
		ぐ → いで	泳ぐ → 泳いで (헤엄치다)　(헤엄치고, 헤엄쳐서)
	예외(형태는 2그룹 동사) 帰る　etc…	す → して	話す → 話して (말하다)　(말하고, 말해서)
2	○○る る 직전 히라가나가 い, え단	○○る + て	見る → 見て (보다)　(보고, 봐서)
			食べる → 食べて (먹다)　(먹고, 먹어서)
3	来る		来る → 来て (오다)　(오고, 와서)
	する		する → して (하다)　(하고, 해서)

> **포인트**
>
> 활용표에 따르면 '行く'는 'く'로 끝나기 때문에 'く'를 'いて'로 바꾸는 것이 맞지만 이렇게 활용하면 '行いて', 즉 'い' 발음이 연달아 두 번 이어지게 되어 발음하기 어렵기 때문에 예외적으로 '行く'는 '行って'로 바꿔야 한다.

02 동사 ます형 + 方<ruby>方<rt>かた</rt></ruby> ~는 방법

<ruby>日<rt>に</rt></ruby><ruby>本<rt>ほん</rt></ruby>と<ruby>韓<rt>かん</rt></ruby><ruby>国<rt>こく</rt></ruby>はバスの<ruby>乗<rt>の</rt></ruby>り<ruby>方<rt>かた</rt></ruby>が<ruby>違<rt>ちが</rt></ruby>いますか。

クーポンの<ruby>使<rt>つか</rt></ruby>い<ruby>方<rt>かた</rt></ruby>は<ruby>簡<rt>かん</rt></ruby><ruby>単<rt>たん</rt></ruby>です。

ホテルから<ruby>空<rt>くう</rt></ruby><ruby>港<rt>こう</rt></ruby>までの<ruby>行<rt>い</rt></ruby>き<ruby>方<rt>かた</rt></ruby>を<ruby>教<rt>おし</rt></ruby>えます。

포인트

일본 버스의 요금은 거리 비례제이며 하차 시에 차감되기 때문에 기본적으로 뒷문으로 승차하고 앞문으로 하차하게 되어 있다.

03 동사 ます형 + ながら ~(으)면서

<ruby>電<rt>でん</rt></ruby><ruby>車<rt>しゃ</rt></ruby>で<ruby>景<rt>け</rt></ruby><ruby>色<rt>しき</rt></ruby>を<ruby>見<rt>み</rt></ruby>ながら<ruby>東<rt>とう</rt></ruby><ruby>京<rt>きょう</rt></ruby>を<ruby>一<rt>いっ</rt></ruby><ruby>周<rt>しゅう</rt></ruby>します。

<ruby>歩<rt>ある</rt></ruby>きながらタバコを<ruby>吸<rt>す</rt></ruby>いません。

コーヒーを<ruby>飲<rt>の</rt></ruby>みながら<ruby>携<rt>けい</rt></ruby><ruby>帯<rt>たい</rt></ruby>を<ruby>見<rt>み</rt></ruby>ます。

새로운 단어

<ruby>違<rt>ちが</rt></ruby>う 다르다, 틀리다 | クーポン 쿠폰 | <ruby>簡<rt>かん</rt></ruby><ruby>単<rt>たん</rt></ruby>だ 간단하다 | <ruby>一<rt>いっ</rt></ruby><ruby>周<rt>しゅう</rt></ruby> 일주 | タバコを<ruby>吸<rt>す</rt></ruby>う 담배를 피우다

04 명사 + という ～(이)라는

最近はLCCという格安航空会社が増えました。

韓国にもフリーターという職業がありますか。

B級グルメという安くておいしい郷土料理が食べたいです。

권유에 동의하는 표현

05 ～のもいいですね ～는 것도 좋네요

歩いて登るのもいいですね。

> ～のもいい는 동사 기본형은 물론이고, い형용사 기본형에도 붙여 쓸 수 있다.
> 다만, な형용사는 だ→な로 바꿔서 연결해야 한다.

新しい単語

最近 최근 | 格安航空会社(LCC) 저가항공공사 | 増える 늘다 | 職業 직업 | B級グルメ 싸고 맛있는 서민

적인 음식 | 郷土料理 향토 음식

말하기 연습

▶ 〈보기〉와 같이 주어진 단어를 빈칸에 넣어 문장을 완성시키고 소리 내어 말해 봅시다.

1

あのう、どうしました。

➡ すみません、駅までの 行き方 が分かりません。

① ロッカーの使う　　② テレビの見る　　③ 免税のする

2

あのう、食事 はどうしました。

➡ 外で食べて 来ました。

① 両替、韓国で換える　　② お土産、飛行機で予約する

③ チケット、駅前で買う

3

あのう、日曜日は何をしますか。

➡ タワーに登って 景色を見ます。

① 原宿に行く、服を買う　　② 自転車に乗る、スーパーに行く

③ コーヒーを飲む、休む

새로운 단어

ロッカー 로커, 보관함 ｜ 換える 바꾸다 ｜ 原宿 하라주쿠 ｜ 服 옷 ｜ 自転車 자전거

▶ 음성을 잘 듣고 빈칸에 알맞은 단어나 표현을 넣어 봅시다.　Track 04-02

1. ① 駅から空港までの行き____を教えます。

② ジュースを飲み_____携帯を見ます。

③ あれはスカイツリー_____タワーです。

2. ① 電車に_____景色を_____東京を一周します。

② 駅員さんに_____、切符の_____を確認しました。

③ カフェに_____コーヒーを_____友だちと

話します。

▶ 질문을 잘 듣고 ①~③ 중에서 알맞은 답을 골라 봅시다.　Track 04-03

3.

① _____。

② _____。

③ _____。

플러스 회화

▶ 가이토가 동희에게 아사쿠사의 볼거리와 먹을거리를 소개한다.

🎧 Track 04-04

カイト　次は浅草です。ここはお寺が有名ですけど、仲見世というお土産屋さんの通りも人気です。

ドンヒ　お寺もいいですけど、お土産屋さんがもっと気になります。

カイト　じゃあ、いろいろお店を見ながら、
お寺までゆっくり歩くのがいいですね。

ドンヒ　あれは何ですか。

カイト　あれは人形焼です。お菓子です。
カステラにあんこを入れて作ります。

새로운 단어

浅草 아사쿠사 ┃ 仲見世 신사나 절에 있는 상점 ┃ お土産屋さん 기념품 가게 ┃ 通り 거리 ┃ 気になる 궁금하다 ┃
ゆっくり 천천히 ┃ 人形焼 안에 팥을 넣은 인형 모양의 만주 ┃ カステラ 카스텔라 ┃ あんこ 팥소 ┃
入れる 넣다 ┃ 作る 만들다

일본 여행 맛보기

◇ 일본의 수도, 도쿄 ①

1. 도쿄타워(東京タワー), 스카이트리(スカイツリー)

세계 어느 곳이든 대도시에 가면 랜드마크가 있다. 서울에 서울타워가 있다면 일본에는 도쿄타워, 그리고 스카이트리가 있다. 도쿄타워는 그동안 도쿄의 상징 역할을 해 왔고 지금까지 외국인 관광객들에게는 물론 일본의 각 지방에서 도쿄로 올라오는 사람들에게도 인기 있는 관광지이다. 도쿄타워의 또 다른 재미는 150미터에 위치하는 메인덱(전망대)까지 걸어서 올라갈 수 있다는 것이다. 체력에 자신이 있는 사람들은 전망대에 이르기까지 도쿄의 멋진 경치를 보면서 올라가면 좋은 추억을 만들 수 있을 것이다. 또한 도쿄타워 내부에는 한국에서도 유명한 만화 원피스(ワンピース)의 테마파크인 원피스타워가 있으며 원피스를 모티브로한 라이브쇼, 각종 놀이기구, 레스토랑 등이 마련되어 있다.

스카이트리는 2012년에 완공된 도쿄의 새로운 랜드마크이다. 스카이트리의 매력은 도쿄타워의 높이 333미터의 거의2배가 되는 634미터에 설치된 450미터에 위치한 전망회로에서 보는 압도적인 전망이다. 100킬로미터 이상 떨어진 일본에서 가장 높은 산인 후지산까지 멀리 바라볼 수 있을 정도이다.

스카이트리 야경

스카이트리에서 보는 도쿄타워의 야경

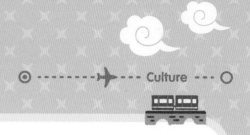

2. 가미나리몬(雷門), 나카미세(仲見世)

도쿄에서 일본스러운 정취를 제대로 느낄 수 있어 특히 해외 관광객들에게 인기 있는 곳이 아사쿠사(浅草)이다. 아사쿠사에 가면 가장 먼저 관광객들을 맞이해 주는 것이 가미나리몬이다. 가미나리몬은 이곳에 위치한 절인 센소지(浅草寺)의 정문이며, 한자로 '뇌문'이라고 적힌 일본식 붉은 등이 달려 있는 것이 특징이다. 해외에는 도쿄 나아가 일본을 상징하는 랜드마크로 소개되어 있고 해외 외국인 관광객들이 이 문 앞에서 사진을 찍는 모습을 흔히 볼 수 있다.

이 문을 지나가 안으로 들어가면 나카미세라고 하는 상점들이 줄지어 있다. 이곳에서는 바깥의 일본스러운 정서와 잘 어울리는 일본풍 잡화나 일본 과자를 파는 가게들이 많다. 대표적인 과자는 닌교야키(人形焼)라는 카스텔라에 팥을 넣은 다양한 모양의 만주이며 등불, 오중탑 등 절과 관련된 것 외에도 스모 선수, 가부키 배우 등 일본을 상징하는 것들을 모티브로 모양을 낸 것들이 많다. 그 외에도 기비단고(きびだんご)라는 수수경단, 센베(せんべい)라는 일본식 넙적한 쌀과자 등도 있다.

가미나리몬

나카미세

チケットを取ってから、また来てください。

티켓을 뽑고 나서 다시 오세요.

▶ 그림을 참고하여 대화문을 듣고 어떤 대화인지 추측해 봅시다.

▶ 대화문을 듣고 단어의 읽는 법과 뜻을 아는 대로 적어 봅시다.

□ 一度   □ 乗ってみたい

□ 来てみたかったです

                              □ ラッキー

□ 思う存分   □ ファストパス

□ 遊んでください   □ 見せてください

□ 列   □ 入り口

□ 動き始めました   □ 取ってから

                              □ 来てください

□ いよいよ   □ 残念でした

□ 入園

단어

▶ 앞에 나온 단어의 읽는 법과 뜻을 확인해 봅시다.

□ <ruby>一度<rt>いちど</rt></ruby> 한 번

□ <ruby>乗<rt>の</rt></ruby>ってみたい 타보고 싶다

□ <ruby>来<rt>き</rt></ruby>てみたかったです
와 보고 싶었습니다

□ ラッキー 럭키

□ <ruby>思<rt>おも</rt></ruby>う<ruby>存分<rt>ぞんぶん</rt></ruby> 마음껏

□ ファストパス
패스트패스, 우선 이용권

□ <ruby>遊<rt>あそ</rt></ruby>んでください
노세요(놀아 주세요)

□ <ruby>見<rt>み</rt></ruby>せてください 보여 주세요

□ <ruby>列<rt>れつ</rt></ruby> 줄

□ <ruby>入<rt>い</rt></ruby>り<ruby>口<rt>ぐち</rt></ruby> 입구

□ <ruby>動<rt>うご</rt></ruby>き<ruby>始<rt>はじ</rt></ruby>めました
움직이기 시작했습니다

□ <ruby>取<rt>と</rt></ruby>ってから 뽑고 나서

□ いよいよ 드디어

□ <ruby>来<rt>き</rt></ruby>てください 와 주세요

□ <ruby>入園<rt>にゅうえん</rt></ruby> 입원, 공원 입장

□ <ruby>残念<rt>ざんねん</rt></ruby>でした 아쉬웠어요

▶ 동희가 가이토와 함께 디즈니랜드에 입장하면서 이야기를 나눈다.

🎧 Track 05-01

ドンヒ　私一度来てみたかったです。

カイト　じゃあ、今日は思う存分遊んでください。
　　　　あっ、列が動き始めました。いよいよ入園です。

カイト　ドンヒさん、何に乗りたいですか。

ドンヒ　えっと…。あっ、あれに乗ってみたいです。
　　　　カイトさん、ラッキーです。列がないです。

スタッフ　ファストパスを見せてください。

ドンヒ　えっ、ありませんけど。

スタッフ　ここはファストパスの入り口で、
　　　　　ファストパスを取ってからまた来てください。

カイト　ドンヒさん、残念でした。

🐱 회화 스킬업✦✦

여행을 다니다 보면 운수가 좋을 때와 나쁠 때가 있다. 일본 사람들은 운수가 좋을 때나 좋은 일이 있을 때는 흔히 '럭키'라고 말하고, 운수가 나쁠 때나 안 좋은 일이 있을 때는 '残念'으로 표현한다.

희망하는 행동을 말하거나 부탁할 때 필요한 문법

01 동사 て형 + てみたいです ~아/어 보고 싶습니다

本場の寿司を食べてみたいです。

居酒屋に行ってみたいですか。

新しいアトラクションに乗ってみたいです。

02 동사 て형 + てください ~아/어 주세요

別々にお会計してください。

袋に入れてください。

部屋の掃除をしてください。

새로운 단어

本場 본고장 | アトラクション 놀이기구 | 袋 봉지 | 掃除 청소

03 동사 て형 + てから ~고 나서

食事をしてから、ホテルに戻りました。

東京に行ってから、大阪に行くつもりです。

売り場で買ってから、免税カウンターで免税手続きをします。

04 동사 ます형 + はじめます ~기 시작합니다

大学で日本語を習い始めました。

この商品は明日から売り始めます。

閉園時間なので、みんな家に帰り始めました。

새로운 단어

売り場 매장 | 免税カウンター 면세 카운터 | 手続き 수속 | 習う 배우다 | 売る 팔다 | 閉園 폐원(퇴장)

05 동사 ます형 + だします 갑자기 ~기 시작합니다

あめ ふ
雨が降りだしました。

でんしゃ こ
電車が混みだしました。

こども な
子供が泣きだしました。

포인트

일본어 '〜はじめます'는 한국어의 '〜기 시작합니다'의 뜻인데, 특히 사람의 의지로 인해 어떤 행동이나 현상이 시작되고 그 이후 계속될 때 사용한다. 반면 사람의 의지와 관계없이 어떤 행동이나 현상이 갑자기 시작될 때는 '〜だします'라고 해서 '갑자기 〜기 시작합니다'의 뜻으로 별도로 사용한다.

어떤 행동을 마음껏 하는 표현

おも ぞんぶん
06 思う存分〜 마음껏~

おも ぞんぶんあそ
思う存分遊んでください。

새로운 단어

あめ ふ
雨が降る 비가 내리다 | 混む 붐비다 | 子供 아이 | 泣く 울다
こ こども な

말하기 연습

▶ 〈보기〉와 같이 주어진 단어를 빈칸에 넣어 문장을 완성시키고 소리 내어 말해 봅시다.

1

あのう、日本で何してみたいですか。

➡ <u>居酒屋に行って</u>みたいです。

① 車を運転する　　② 花火を見る　　③ 日本人と日本語で話す

2

あのう、<u>日本語</u> ですか。

➡ はい、<u>大学で習い</u>はじめました。

① お酒、6時から飲む　　② 運転再開、今動く
③ モバイル決済、最近使う

3

あのう、どうやって <u>免税</u>しますか。

➡ <u>商品を買ってから</u> <u>免税カウンターに行って</u>ください。

① 切符を買う、お金を入れる、ボタンを押す
② 空港に行く、駅まで歩く、バスに乗る
③ 返品する、レシートを持つ、売り場に来る

〰〰 새로운 단어 〰〰

運転する 운전하다 ｜ 花火 불꽃 ｜ 運転再開 운행 재개 ｜ モバイル決済 앱 결제 ｜
ボタンを押す 버튼을 누르다

▶ 음성을 잘 듣고 빈칸에 알맞은 단어나 표현을 넣어 봅시다.　　Track 05-02

1. ① 居酒屋でビールを飲んで＿＿＿＿＿です。

② 一緒にお会計して＿＿＿＿＿＿。

③ 観光して＿＿＿＿ホテルに戻りました。

2. ① 食事を＿＿＿＿＿＿空港に＿＿＿＿＿＿＿＿。

② 日本で＿＿＿＿＿寿司を＿＿＿＿＿＿＿＿です。

③ 最近友だちが＿＿＿＿＿＿を＿＿＿＿＿＿＿＿。

▶ 질문을 잘 듣고 ①～③ 중에서 알맞은 답을 골라 봅시다.　　Track 05-03

3.

① ＿＿＿＿＿＿＿＿＿＿＿＿。

② ＿＿＿＿＿＿＿＿＿＿＿＿。

③ ＿＿＿＿＿＿＿＿＿＿＿＿。

플러스 회화

▶ 동희와 가이토가 놀이기구를 탄 후 다음 일정에 대해 이야기를 나눈다.　🎧 Track 05-04

ドンヒ　さっきのアトラクションは最高でした。
　　　　次はあのショーが見たいです。

カイト　それを見てから、どうしますか。

ドンヒ　パレードを見てみたいです。

カイト　じゃあ、始まる前にいい場所で座って待つのがいい
　　　　です。早い人は2、3時間前から待ち始めます。

ドンヒ　パレードも本当にきれいで大満足です。

カイト　あっ、もうこんな時間。明日から大阪ですよね。
　　　　今日は早く帰ってゆっくり休んでください。

ドンヒ　カイトさん、
　　　　本当にありがとう
　　　　ございました。

새로운 단어

最高だ 최고이다 │ ショー 쇼 │ パレード 퍼레이드 │ 始まる 시작되다 │ 座る 앉다 │
もうこんな時間 벌써 이런 시간이다

◇ 일본의 수도, 도쿄 ②

동일본을 대표하는 테마파크, 디즈니랜드(ディズニーランド)와 디즈니씨(ディズニーシー).

1. 디즈니랜드

디즈니랜드는 일본에서는 모두가 좋아한다고 할 정도로 인기가 엄청난 테마파크이다. 사람들이 디즈니랜드에 머물고 있을 때는 마치 꿈속에 있듯이 일상의 일들을 잊고 마음껏 논다고 하니, 그야말로 꿈을 꾸게 해 주는 놀이동산인 셈이다. 디즈니랜드의 특징은 어린아이부터 나이가 많은 어르신들까지 누구나 즐길 수 있도록 설계되어 있다는 점이다. 어른들이 좋아하는 롤러코스터 계열의 무서운 놀이기구가 있는가 하면 어린아이들이 안심하고 탈 수 있는 디즈니의 캐릭터를 모티브로 한 놀이기구도 다양하게 마련하고 있다. 또한 디즈니의 상징이라고 부르는 신데렐라성도 이곳에 있어 첫 방문이라면 정통 디즈니를 즐길 수 있는 디즈니랜드를 추천한다.

2. 디즈니씨

디즈니랜드는 일본 외에 미국, 프랑스, 중국, 홍콩에 있지만 디즈니씨는 오로지 도쿄에만 있는 테마파크이다. 바다를 주제로 만든 디즈니씨의 특징은 어른들이 즐길 거리를 더욱 다양하게 설계했다는 점이다. 디즈니랜드에 더해 스릴 만점의 놀이기구가 훨씬 더 다채롭다. 또한 분위기 역시 디즈니랜드가 꿈의 나라라면 디즈니씨는 지중해 유럽의 감성을 담고 있다. 마치 지중해 유럽 속에 있는 것 같은 분위기 속에서 로맨틱하게 시간을 보낼 수 있으며 음주도 가능하다.

3. 패스트패스(ファストパス)

디즈니랜드와 디즈니씨는 인기가 많은 놀이기구의 혼잡도를 완화시키기 위해 패스트 패스라는 우선탑승권을 발행하고 있다. 최근에는 해외 관광객들의 증가로 더욱 더 혼잡해졌는데, 때문에 지금은 패스트패스를 얼마나 잘 활용하는지가 디즈니를 제 대로 즐기는 열쇠가 되고 있다. 패스트패스는 인기가 많은 놀이기구 옆에 설치된 패 스트패스 발권기나 디즈니 앱으로 발권할 수 있다. 패스에 적힌 지정된 시간대에 찾 아가면 성수기에 보통 몇 시간 기다려야 하는 놀이기구를 조금만 기다리면 탈 수 있 다. 주의점은 1인 1장 필요하고 한 번 패스트패스를 발권하면 일정 시간이 지난 후에 다시 다른 패스를 발권할 수 있다는 것이다.

4. 선물은 먼저 구매

대부분의 사람들은 놀고 나서 마지막에 선물을 산다. 때문에 선물 가게는 영업이 거 의 끝날 쯤에 제일 붐빈다. 계산대에서 한참 기다려야 하는 일도 적지 않다. 이런 일 을 피하기 위해서는 먼저 선물을 사 놓으면 되고 선물이 짐이 된다고 생각하면 입구 쪽에 마련되어 있는 라커에 보관하면 된다.

디즈니랜드 신데렐라성의 낮과 밤 풍경

この切符で乗っては

だめです。

이 표로 타서는 안 됩니다.

학습 목표

- 일본어로 허가와 금지에 대해 대답하고 말할 수 있다.
- 일본어 ています의 용법을 이해한다.

학습 내용

- 허가와 금지에 필요한 문법

  ～てもいいです, ～てはだめです

- ～ています의 진행의 용법

- ～ています의 상태의 용법

- 2개의 대상을 비교하는 표현

  ～のほうが　～より

일본 여행 맛보기

- 일본의 KTX, 신칸센

▶ 그림을 참고하여 대화문을 듣고 어떤 대화인지 추측해 봅시다.　

▶ 대화문을 듣고 단어의 읽는 법과 뜻을 아는 대로 적어 봅시다.

□ 東京駅 _____　　　□ ひかり _____

□ 向かっています _____　　　□ こだま _____

_____　　　□ 乗ってもいいですか

□ 新大阪 _____　　　_____

□ 自由席 _____　　　□ 乗ってはだめです

□ 1枚 _____　　　_____

□ のぞみ _____　　　□ ちょうど今 _____

▶ 앞에 나온 단어의 읽는 법과 뜻을 확인해 봅시다.

□ 東京駅 도쿄 역

□ ひかり
히카리(두 번째로 빠른 신칸센)

□ 向かっています 가고 있습니다

□ こだま 고다마(제일 느린 신칸센)

□ 新大阪 신오사카(신칸센 역 이름)

□ 乗ってもいいですか
타도 됩니까

□ 自由席 자유석

□ 乗ってはだめです
타면 안 됩니다

□ 1枚 한 장

□ ちょうど今 지금 막

□ のぞみ 노조미(제일 빠른 신칸센)

▶ 동희가 도쿄 역의 녹색 창구에서 역무원에게 신칸센에 대해 물어본다.

🎧 Track 06-01

ドンヒ　　もしもし、今東京駅に向かっています。

ナナミ　　はい。新幹線に乗ってから、また連絡してください。

ドンヒ　　新大阪まで自由席1枚お願いします。

駅員　　　はい、どうぞ。

ドンヒ　　あのう、のぞみ、ひかり、こだまがありますけど、
　　　　　どれに乗ってもいいですか。

駅員　　　のぞみは料金が少し違いますので、
　　　　　この切符で乗ってはだめです。
　　　　　ひかりとこだまは乗ってもいいですけど、
　　　　　ひかりのほうがこだまより早いです。
　　　　　ちょうど今駅に到着しています。

회화 스킬업

한국어의 '～로 가고 있다'를 일본어로 말할 때 '～に行っています', 즉 '行く'를 사용하는 학습자가 많다. 문법적으로 완전히 틀린 것은 아니지만 일본어로는 이럴 때 좀 더 자연스럽게 '～に向かっています', 즉 '向かう'를 사용한다.

허가와 금지를 듣고 말할 때 필요한 문법

01 동사 て형 + てもいいです(か) ~어/아도 됩니다(까?)

20歳からお酒を飲んでもいいです。

予約をキャンセルしてもいいですか。

すみません、トイレを使ってもいいですか。

02 동사 て형 + てはだめです(か) ~어/아서는 안 됩니다(까?)

ここでタバコは吸ってはだめですか。

列に割り込みしてはだめです。

バスの中で大きな声で話してはだめです。

> **포인트**
>
> '~てもいいです', '~てはだめです'는 회화에서 자주 쓰는 형태이고 좀 더 격식을 차려 말할 필요가 있거나 글을 쓸 때는 각각 '~てもかまいません', '~てはいけません'으로 표현하는 것이 좋다.

새로운 단어

20歳 스무 살 │ 割り込む 새치기하다 │ 大きな声 큰 소리

03 동사 て형 + ています

일본어의 '〜ています'는 한국어로는 '〜고 있습니다', '〜어/아 있습니다', '〜습니다', 〜었/았습니다' 등 다양한 형태로 해석되는 문법이다. 그중 특히 '〜ています'가 한국어로 〜습니다, 〜었/았습니다로 해석되는 경우 주의를 요한다.

① 동사 て형 + ています 〜고 있습니다(진행)

私は今ご飯を食べています。

日本に台風が接近しています。

駅前で彼女を待っています。

② 동사 て형 + ています 〜어/아 있습니다(결과의 상태)

今日は定休日で、お店が閉まっています。

となりの席が空いていますか。

明日は午前10時から開いています。

새로운 단어

台風 태풍 | 接近する 접근하다 | 定休日 정기휴일 | 閉まる 닫히다 | 空く 비다 | 開く 열리다

문형과 표현

③ 동사 て형 + ています ~습니다(결과의 상태, 직업, 날씨)

友だちは神戸に住んでいます。

日本のホテルの住所を知っていますか。 いえ、知りません。

私は韓国の大企業で働いています。

東京は晴れています。

포인트

일본어는 동사의 ます형이 비과거 즉, 현재와 미래 모두 나타낼 수 있기 때문에 예를 들어, '住みます'는 '살겠다, 살 것이다'의 뜻으로 해석된다. 따라서 일본어로 현재의 상태를 나타낼 때는 '住んでいます'라고 표현해야 한다.

④ 동사 て형 + ています ~었/았습니다(결과의 상태)

ナナミさんは結婚していますか。結婚していません。

日本と韓国は街並みが似ています。

두 개의 대상을 비교하는 표현

04 ～のほうが　～より ～이/가 ～보다

ひかりのほうがこだまより早いです。

새로운 단어

住む 살다 ｜ 住所 주소 ｜ 知る 알다 ｜ 大企業 대기업 ｜ 働く 일하다 ｜ 晴れる 맑다 ｜
結婚する 결혼하다 ｜ 似る 닮다

말하기 연습

▶ 〈보기〉와 같이 주어진 단어를 빈칸에 넣어 문장을 완성시키고 소리 내어 말해 봅시다.

1

あのう、お酒を飲んでもいいですか。

➡ 大丈夫です。

① 返品する　　　　② クーポンを使う　　　③ パスポートを見る

2

あのう、今何をしていますか。

➡ ご飯を食べています。

① 外に出る　　　　　　　　② 車を運転する
③ 新幹線で大阪に向かう

3

あのう、タバコを吸ってもいいですか。

➡ タバコを吸ってはだめです。

① エレベーターで電話する　　　② となりに座る
③ 日本でお金を換える

 새로운 단어

外に出る 밖에 나가다, 외출하다

듣기 연습

▶ 음성을 잘 듣고 빈칸에 알맞은 단어나 표현을 넣어 봅시다. Track 06-02

1. ① トイレを使っても_____ですか。

② 列に割り込みしては_____です。

③ 空港で彼を待って_____。

2. ① 大阪に_____が接近_____。

② _____とこだまは_____。

③ 電車の中で_____ で_____。

▶ 질문을 잘 듣고 ①~③ 중에서 알맞은 답을 골라 봅시다. Track 06-03

3.

① _____。

② _____。

③ _____。

▶ 동희가 신칸센 승차 중에 나나미와 전화를 한다.

🎧 Track 06-04

ドンヒ	ナナミさん、さっき熱海を通り過ぎて、今静岡に向かっています。あっ、富士山が見えます。
ナナミ	ドンヒさん、ところで今どこにいますか。
ドンヒ	はい？　もちろん今席に座っていますけど。
ナナミ	ドンヒさん…。新幹線は席で電話してはだめです。
ドンヒ	えっ、そうなんですか。
ナナミ	はい、そうです。
ドンヒ	すみません。今から気をつけます。
ナナミ	電話はデッキでしてください。
ドンヒ	はい、分かりました。

〈새로운 단어〉

熱海 아타미 | 通り過ぎる 지나가다 | 静岡 시즈오카 | 座る 앉다 | 気をつける 조심하다 |

デッキ 신칸센의 객차 사이에 있는 공간

◇ 일본의 KTX, 신칸센

1. 신칸센(新幹線)의 종류: 노조미(のぞみ), 히카리(ひかり), 고다마(こだま)

신칸센은 일본에서 지상을 달리는 가장 빠른 교통 수단이며 한국의 KTX와 같은 고속철도이다. 요금은 상당히 비싸지만 목적지까지 정확한 시간에 도착하는 편리함 때문에 매일 많은 사람들이 이용하고 있다. 신칸센은 다양한 노선이 있지만 여기서는 제일 이용객이 많은 노선인 도쿄 — 신오사카(오사카의 신칸센 역) 간의 신칸센의 종류에 대해 소개하고자 한다.

도쿄에서 신오사카까지 가장 빨리 가고 싶다면 노조미라는 신칸센을 타면 된다. 노조미는 안내판에 노란색으로 표시되는 신칸센이며 도쿄 — 신오사카까지의 약 550킬로를 2시간 20분대로 주파한다. 중간에 나고야, 교토에도 정차하기 때문에 나고야나 교토에 가는 경우에도 이용할 수 있다. 다만 노조미는 요금이 다른 종류보다 조금 비싸다. 반면 히카리는 안내판에 빨간색으로 표시되며 노조미가 정차하는 역과 함께 시즈오카현과 기후현에 있는 비교적 큰 역에 정차하는 신칸센이고, 고다마는 안내판에 파란색으로 표시되며 나고야나 신오사카까지 가는 도중에 있는 모든 역에 정차하는 신칸센이다.

신칸센과 신칸센 객실 내부

2. 신칸센의 매너

일본과 한국은 열차 문화가 상당히 다르다. 한국 사람을 포함한 외국인들이 승차 시에 조심해야 하는 몇 가지 행동들이 있다. 첫째, 신칸센은 탈 때와 내릴 때 개찰구에 승차권을 통과시켜 승차권 검표를 받아야 한다. 둘째, 승차 시 줄을 서서 승차해야 한다. 셋째, 신칸센은 지정석 객차와 자유석 객차가 완전히 나누어져 있기 때문에 자유석 승차권으로 승차 시에는 꼭 자유석 객차에 앉아야 한다. 넷째, 열차 내는 공동 공간이기 때문에 기본적으로 어떠한 소리도 내면 안 된다. 한국에서는 열차 내에서 전화도 작은 소리라면 허용되고 휴대폰을 진동모드로 설정하지 않고 소리가 나는 경우가 종종 있는데 일본에서는 전화는 덱(デッキ), 즉 객차와 객차 사이에 있는 공간에서 가능하고 승차 시에는 휴대폰을 미리 진동모드로 설정해야 한다. 다섯째, 뒷좌석에 앉아 있는 사람의 양해를 구하지 않고 등받이를 뒤로 젖히면 안 된다.

3. 외국인 관광객들을 위한 저렴한 신칸센 무한 승차권(JAPAN RAIL PASS)

신칸센 요금은 상당히 비싸지만 외국인 관광객이라면 저렴한 가격에 일정 기간 동안 무한 승차 가능한 패스를 구입할 수 있다. 이 패스를 활용하면 북쪽으로는 홋카이도의 하코다테부터 남쪽으로는 규슈의 가고시마까지 신칸센 노선이 있는 곳이라면 어디든 이동할 수 있다.

JAPAN RAIL PASS 승차권(왼쪽)과 견본(오른쪽)

もう<ruby>体力<rt>たい りょく</rt></ruby>を
<ruby>使<rt>つか</rt></ruby>っちゃいました。

벌써 체력을 써 버렸습니다.

학습 목표

- 일본어로 의도하지 않게 생긴 일에 대해 자연스럽게 말할 수 있다.
- 지금까지 학습한 ます형과 て형을 복습한다.

학습 내용

- 의도하지 않게 생긴 일에 대해 말할 때 필요한 문법

  ～ちゃいました

- ～のに

- ます형과 て형 활용의 문법 총정리

- 해당 지역의 명물을 말하는 표현
  <ruby>名物<rt>めいぶつ</rt></ruby>の～, ～が<ruby>名物<rt>めいぶつ</rt></ruby>です

일본 여행 맛보기

- 일본의 상업 수도, 오사카①

▶ 그림을 참고하여 대화문을 듣고 어떤 대화인지 추측해 봅시다.

▶ 대화문을 듣고 단어의 읽는 법과 뜻을 아는 대로 적어 봅시다.

□ ようこそ ～へ

□ 早速

□ これから

□ ～のに

□ もう

□ 疲れちゃいましたか

□ ずっと

□ 体力

□ 使っちゃいました

□ 力をつけますか

□ ぜひ

□ 名物

□ だけ

□ 大賛成

▶ 앞에 나온 단어의 읽는 법과 뜻을 확인해 봅시다.

□ ようこそ　〜へ
~에 잘 오셨습니다

□ 体力 체력

□ 早速 바로

□ 使っちゃいました 써 버렸습니다

□ これから 이제부터

□ 力をつけますか 힘을 붙일까요

□ 〜のに ~인데, ~ㄴ/은데, ~는데

□ ぜひ 꼭

□ もう 벌써, 이미, 이제

□ 名物 명물

□ 疲れちゃいましたか
피곤해 버렸습니까

□ だけ 만

□ ずっと 계속

□ 大賛成 대찬성

▶ 동희가 신오사카 역 앞에서 나나미를 만나 일정에 대해 이야기한다.　🎧 Track 07-01

ナナミ　ドンヒさん、ようこそ大阪へ。早速観光ですよね?

ドンヒ　あのう、ちょっと休んでもいいですか。

ナナミ　えっ、これから観光するのに、もう疲れちゃいましたか。

ドンヒ　東京に来てから、ずっと遊んでいましたので…。
　　　　大阪に来る前にもう体力を使っちゃいました。

ナナミ　じゃあ、何か食べて力をつけますか。

ドンヒ　はい、ぜひ。
　　　　大阪に来たので、名物のたこ焼きが食べてみたいです。

ナナミ　じゃあ、たこ焼きを食べながらちょっと休みますか。

ドンヒ　大賛成です。

회화 스킬업

일본어로 상대방의 어떠한 제안에 대해 긍정적으로 대답할 때는 'いいです(좋아요)' 등이 있지만 매우 긍정적으로 대답할 때는 찬성을 뜻하는 '賛成'에 STEP1의 10과에서 배운 아주(매우)를 뜻하는 '大'를 붙여서 '大賛成'라는 표현을 쓰기도 한다.

의도하지 않게 생긴(생길) 일에 대해 말할 때 필요한 문법

01 동사 て형 + ちゃいます ～어/아 버립니다

にん き しょうひん　　　　　　　う き
人気商品なので、売り切れちゃいました。

　　　　　　　へ や　なか　わす
カードキーを部屋の中に忘れちゃいました。

ひ こう き　　じ かん　おく
飛行機の時間に遅れちゃいました。

동사 て형 + てしまいます ～어/아 버립니다

はや　　　　　　　　　　でんしゃ　の　おく
早くしてください。電車に乗り遅れてしまいます。(절박감 ↓)

はや　　　　　　　　　　でんしゃ　の　おく
早くしてください。電車に乗り遅れちゃいます。(절박감 ↑)

포인트

'～ちゃいます'는 회화에서 자주 사용되는 형태이고 좀 더 격식을 차려 말할 필요가 있거나 글을 쓸 때는 '～てしまいます'로 표현한다. 또한 '～ちゃいます'는 '～てしまいます'의 준말인데 그 음운적인 특징 때문에 순간적이고 돌발적인 움직임이나 절박한 상황을 나타낼 때 자주 사용한다.

새로운 단어

う き　　　　　　　　　　　　　　　　　　　わす　　　　　　　おく　　　　　　　　の　おく
売り切れる 품절되다, 매진되다 │ 忘れる 잊다 │ 遅れる 늦다 │ 乗り遅れる 놓치다

02 ～のに ～인데, ～ㄴ/는데, ～는데

この旅館は高いのに、親切じゃないです。(い형용사)

雪が降っているのに、外に出ますか。(동사)

春なのに、今日は猛暑日です。(명사)

ホテルの中は静かなのに、外はうるさいです。(な형용사)

해당 지역의 명물을 말하는 표현

03 名物の～、～が名物です 명물인, ～이/가 명물입니다

名物のたこ焼き

大阪はたこ焼きが名物です。

親切だ 친절하다 ┃ 雪 눈 ┃ 春 봄 ┃ 猛暑日 기온이 35도 이상인 더운 날

04 ます형 활용의 문법 총정리

문법, 의미	飲む	見る	する
~やすいです (~기 쉽습니다)	飲みやすいです	見やすいです	しやすいです
~にくいです (~기 어렵습니다)	飲みにくいです	見にくいです	しにくいです
~すぎです (너무~)	飲みすぎです	見すぎです	しすぎです
~方 (~는 방법)	飲み方	見方	し方
~ながら (~(으)면서)	飲みながら	見ながら	しながら
~はじめます (~기 시작하다)	飲みはじめます	見はじめます	しはじめます

05 て형 활용의 문법 총정리

문법, 의미	買う	食べる	来る
~てみたいです (~어/아 보고 싶습니다)	買ってみたいです	食べてみたいです	来てみたいです
~てください (~어/아 주세요)	買ってください	食べてください	来てください
~てから (~고 나서)	買ってから	食べてから	来てから
~てもいいです (~어/아도 됩니다)	買ってもいいです	食べてもいいです	来てもいいです
~てはだめです (~어/아서는 안 됩니다)	買ってはだめです	食べてはだめです	来てはだめです
~ています (~고 있습니다, ~어/아 있습니다)	買っています	食べています	来ています

말하기 연습

▶ 〈보기〉와 같이 주어진 단어를 빈칸에 넣어 문장을 완성시키고 소리 내어 말해 봅시다.

1

あのう、約束の時間が過ぎましたけど。

➡ すみません。電車に乗り遅れちゃいました。

① 時間を間違える　　　② 渋滞にはまる　　　③ 道に迷う

2

あのう、カードキーはどうしましたか。

➡ あれ？ 部屋の中に忘れちゃいました。

① 携帯、レジの横に置いてくる　　　② チケット、落とす

③ 財布、盗まれる

3

ホテル は大丈夫でしたか。

➡ 中は静かな のに、外はうるさかったです。

① 飛行機、料金は高い、サービスが悪い

② トイレ、外はきれいだ、中は汚い

③ レストラン、人気がある、料理はまずい

새로운 단어

約束 약속 | 過ぎる 지나다 | 間違える 잘못 알다 | 渋滞にはまる 정체되다 | 置いてくる 놓고 오다 |

落とす 떨어뜨리다 | 財布 지갑 | 盗まれる 도난당하다 | サービス 서비스

듣기 연습

▶ 음성을 잘 듣고 빈칸에 알맞은 단어나 표현을 넣어 봅시다.　 Track 07-02

1. ① このホテルは高い＿＿＿＿親切じゃないです。

② 電車の時間に遅れ＿＿＿＿＿＿＿＿＿＿。

③ 秋＿＿＿のに、昨日は猛暑日でした。

2. ① ＿＿＿＿＿＿＿を部屋の中に＿＿＿＿＿＿＿＿＿＿＿＿。

② 限定商品＿＿＿＿＿、＿＿＿＿＿ちゃいました。

③ 雨が＿＿＿＿＿＿のに、外に＿＿＿＿＿＿。

▶ 질문을 잘 듣고 ①～③ 중에서 알맞은 답을 골라 봅시다.　 Track 07-03

3.

① ＿＿＿＿＿＿＿＿＿＿。

② ＿＿＿＿＿＿＿＿＿＿。

③ ＿＿＿＿＿＿＿＿＿＿。

▶ 동희와 나나미가 도톤보리에서 기념 사진을 찍는다.

🎧 Track 07-04

ナナミ　腹ごしらえもしましたので、そろそろ歩き始めますか。

ドンヒ　はい、もう大丈夫です。

ナナミ　ドンヒさん、着きました。
　　　　ここが道頓堀で、今立っている場所が戎橋です。
　　　　それから、あれが有名なグリコの看板です。

ドンヒ　あのう、写真撮ってもいいですか。

ナナミ　はい、どうぞ。思う存分撮ってください。

ドンヒ　あれ？　ない！　私携帯失くしちゃいました。

ナナミ　ドンヒさん、ちゃんと探してください。

ドンヒ　あっ、すみません。
　　　　ポケットの中に
　　　　ありました。

새로운 단어

腹ごしらえ 배를 채움 ｜ そろそろ 슬슬 ｜ 道頓堀 도톤보리 ｜ 立つ 서다 ｜ 戎橋 에비스바시 ｜
グリコの看板 구리코 간판 ｜ 写真を撮る 사진을 찍다 ｜ 失くす 잃다 ｜ ポケット 주머니

◇ 일본의 상업 수도, 오사카 ①

1. 신사이바시스지 상점가(心斎橋筋商店街), 구리코 간판(グリコの看板)

오사카에 가면 관광객들이 꼭 찾아가는 곳이 신사이바시(心斎橋)이다. 신사이바시 역(心斎橋駅)에서 내리면 바로 신사이바시스지 상점가가 있다. 약 600미터에 이르는 상점가에는 백화점을 포함하여 유명 옷가게, 음식점 등 약 180점이 줄지어 있어서 쇼핑을 한 번에 해결할 수 있다. 또한 상점가는 지붕이 있기 때문에 비가 내리는 날에도 비를 맞을 걱정 없이 편하게 쇼핑할 수 있다.

상점가를 지나가면 도톤보리바시(道頓堀橋)라는 다리가 나오는데 그 한 블록 왼쪽에 있는 다리가 바로 구리코 간판 사진을 찍기 좋은 에비스바시(戎橋)이다. 하지만 연일 관광객들로 붐비는 곳이다 보니 사진 찍기가 여간 어려운 일이 아니다. 사람이 없는 한적한 곳에서 사진을 찍으려면 에비스바시에서 한 단 내려간 보도에서 찍는 것이 좋을 것이다.

신사이바시스지 상점가

구리코 간판

벌써 체력을 써 버렸습니다.

2. 도톤보리(道頓堀)

에비스바시를 건너면 나오는 곳이 바로 도톤보리이다. 이곳은 한때 가부키나 조루리(인형극)로 유명했는데, 현재는 관광 유람선이 지나가는 도톤보리강 양쪽 골목으로 다양한 음식점들이 줄지어 들어서 있다. 그 중에는 오사카를 대표하는 다코야키, 오코노미야키, 구시카쓰 등의 가게들이 눈에 띈다.

도톤보리의 상점 간판들

3. 오사카 풍 다코야키(大阪風たこ焼き)

오사카를 대표하는 음식이 다코야키이다. 오사카는 반죽에 가다랑어포 등으로 우려낸 육수가 들어가는데 입 안에서의 질감은 폭신폭신하고 양배추 건더기가 안 들어 가는 것이 특징이다. 반면 요즘은 도쿄에도 도쿄만의 다코야키가 있는데 도쿄의 다코야키는 겉은 바삭하고 안은 걸쭉하며 건더기로 문어, 튀김 부스러기 외에 양배추가 들어가 씹는 맛이 있다.

오사카 풍 다코야키

戦争が終わった後、また建てました。

전쟁이 끝난 후에 다시 지었습니다.

학습 목표
- 동사를 た형(과거형)으로 활용할 수 있다.
- 일본어로 과거의 일에 대해 대답하고 말할 수 있다.

학습 내용
- 동사의 た형(과거형) 활용
- 과거의 일에 대해 말할 때 필요한 문법

  ～たことがあります, ～た後、
- ～たほうがいいです
- 원인이나 이유에 대해 짐작 가는 데가 있는 표현

  どうりで～

일본 여행 맛보기
- 일본의 상업 수도, 오사카②

▶ 그림을 참고하여 대화문을 듣고 어떤 대화인지 추측해 봅시다.

Track 08-01

▶ 대화문을 듣고 단어의 읽는 법과 뜻을 아는 대로 적어 봅시다.

☐ 見たことがありますか   ☐ 見えます

                           ☐ 戦争

☐ 初めて   ☐ 焼けちゃいました

☐ 大阪城

☐ 特に   ☐ 終わった後

☐ 以上   ☐ どうりで

☐ 豊臣秀吉   ☐ 移動する

☐ 建てました   ☐ 行った方がいい

☐ でも   ☐ さっき

▶ 앞에 나온 단어의 읽는 법과 뜻을 확인해 봅시다.

□ 見たことがありますか
본 적이 있습니까

□ 見えます 보입니다

□ 初めて 처음으로

□ 戦争 전쟁

□ 大阪城 오사카성

□ 焼けちゃいました 타 버렸습니다

□ 特に 특히

□ 終わった後 끝난 후

□ 以上 이상

□ どうりで 어쩐지

□ 豊臣秀吉 도요토미 히데요시

□ 移動する 이동하다

□ 建てました 지었습니다

□ 行った方がいい 가는 편이 낫다

□ でも 근데

□ さっき 아까

▶ 동희가 나나미와 오사카성을 보면서 이야기하고 있다.　🎧 Track 08-01

ナナミ　ドンヒさんは、お城を見たことがありますか。

ドンヒ　いえ、初めて見ました。

ナナミ　大阪城は、日本のお城の中でも特に有名で、
　　　　今から400年以上前に豊臣秀吉が建てました。

ドンヒ　へぇ、そうですか。でも、新しく見えます。

ナナミ　実は戦争で焼けちゃいましたけど、
　　　　戦争が終わった後、また建てました。

ドンヒ　どうりできれいです。

ナナミ　ドンヒさん、これからまた移動するので、
　　　　トイレに行った方がいいと思いますけど。

ドンヒ　私さっき行ったので、大丈夫です。

회화 스킬업

한국어로 어떠한 사실을 털어놓을 때 '사실~'과 같이 표현하지만 일본어로는 이를 그대로 해석한 '事実'가 아니라 한국어로 '실은'에 해당하는 '実は'를 주로 사용된다.

문형과 표현

과거의 일에 대해 말할 때 필요한 문법

01 동사의 た형(기본 과거형) 활용

(て형 활용과 동일하고 て → た / で → だ로 바꾸기만 하면 됨)

그룹	그룹 식별 방법	활용 방법	예시
1	○○る→✕ る로 끝나지 않는 모든 동사	う、つ、る → った	乗る → 乗った (타다) (탔다)
		ぬ、む、ぶ → んだ	飲む → 飲んだ (마시다) (마셨다)
	○○る る 직전 히라가나가 あ, う, お단	く → いた	書く → 書いた (쓰다) (썼다)
		ぐ → いだ	泳ぐ → 泳いだ (헤엄치다) (헤엄쳤다)
	예외(형태는 2그룹 동사) 帰る etc…	す → した	話す → 話した (말하다) (말했다)
2	○○る る 직전 히라가나가 い, え단	○○る + た	見る → 見た (보다) (봤다)
			食べる → 食べた (먹다) (먹었다)
3	来る		来る → 来た (오다) (왔다)
	する		する → した (하다) (했다)

い형용사와 な형용사의 た형(기본 과거형)

い	기본형의 ~~い~~ + かった	小さかった (작았다)
な	기본형의 ~~だ~~ + だった	好きだった (좋아했다)

96 　전쟁이 끝난 후에 다시 지었습니다.

과거의 일에 대해 말할 때 필요한 문법

02 동사의 た형 + たことがあります ~ㄴ/은 적이 있습니다

日本に一回だけ来たことがあります。

本場の豚骨ラーメンを食べたことがあります。

温泉に行ったことがありますか。

03 동사의 た형 + たことがありません(ないです)

~ㄴ/은 적이 없습니다

飛行機に一回も乗ったことがありません。

実際に日本人と話したことがありません。

料金が高いので、旅館に泊まったことがないです。

> **포인트**
>
> '~たことがあります'와 '~たことがありません(ないです)'은 일반적으로 동사의 た형과 함께 자주 사용하는데 간혹 い형용사나 な형용사의 た형, 즉 기본 과거형과 함께 사용하는 경우도 있다. 예를 들어, 'あの店はおいしかったことがないです. (저 가게는 〈몇 번 갔었지만 지금까지 한 번도〉 맛있었던 적이 없습니다.)'처럼 사용한다.

 새로운 단어

一回 한 번 │ 温泉 온천 │ 実際に 실제로 │ 旅館 일본식 고급 호텔

문형과 표현

04 동사의 た형 + た後 ~ㄴ/은 후(에)

シャワーをした後、湯舟につかってください。

食事をした後、ゆっくり休みます。

免税品を受け取った後、中身を確認してください。

05 동사의 た형 + たほうがいいです ~는 편이 낫습니다

荷物は宅急便で送ったほうがいいです。

テーマパークは平日に行ったほうがいいです。

韓国で両替したほうがいいです。

원인이나 이유에 대해 짐작 가는 데가 있는 **표현**

06 どうりで~ 어쩐지~

どうりできれいです。

새로운 단어

湯船につかる 욕조에 들어가다 ｜ 免税品 면세품 ｜ 受け取る 받다 ｜ 中身 내용 ｜
宅急便で送る 택배로 보내다

▶ 〈보기〉와 같이 주어진 단어를 빈칸에 넣어 문장을 완성시키고 소리 내어 말해 봅시다.

1

あのう、今日は何しますか。

➡ 今日は 食事した後、ホテルで休みます。

① 空港に着く、お土産を見る　　② 観光する、居酒屋でお酒を飲む

③ 両替する、免税店に行く

2

あのう、スーツケース はどうしたほうがいいですか。

➡ 宅急便で送ったほうがいいです。

① 切符、金券ショップで買う

② 人気商品、インターネットで事前に注文する

③ 朝食、コンビニで済ます

3

日本に行ったことがありますか。

➡ はい、行ったことがあります /
いいえ、行ったことがありません。

① 梅干しを食べる　　② 地震に遭う　　③ 海外旅行する

새로운 단어

金券ショップ 티켓 할인점 ｜ インターネット 인터넷 ｜ 事前に 사전에 ｜ 注文する 주문하다 ｜

済ます 때우다 ｜ 梅干し 매실 장아찌 ｜ 地震に遭う 지진을 겪다 ｜ 海外旅行 해외여행

🎧 듣기 연습

▶ 음성을 잘 듣고 빈칸에 알맞은 단어나 표현을 넣어 봅시다. 🎧 Track 08-02

1. ① 商品を受け取った_____、中身を確認してください。

② 新幹線に乗った_____があります。

③ トイレに行った_____がいいと思います。

2. ① _____の寿司を_____。

② デパートは_____に_____。

③ _____、_____につかってください。

▶ 질문을 잘 듣고 ①~③ 중에서 알맞은 답을 골라 봅시다. 🎧 Track 08-03

3.

① _____。

② _____。

③ _____。

플러스 회화

▶ 동희와 나나미가 점심에 오코노미야키를 시키면서 이야기를 나눈다.　　Track 08-04

| ナナミ | お昼はどうしますか。 |

ドンヒ　　じゃあ、お好み焼きはどうですか。

ナナミ　　大丈夫です。

ナナミ　　ドンヒさんは、大阪風は食べたことがありますか。

ドンヒ　　大阪風ですか。

ナナミ　　大阪風は、お好み焼きの具を全部混ぜた後に焼きます。

ドンヒ　　じゃあ、食べたことがあります。
　　　　　韓国のお好み焼きは大阪風がメインです。

ドンヒ　　いただきます。

ナナミ　　鉄板からお皿に移して食べたほうがいいと思います

　　　　　けど。

ドンヒ　　あっ、熱い！

大阪風 오사카 풍, 오사카 식 ｜ 具 건더기, 재료 ｜ 混ぜる 섞다 ｜ 焼く 굽다 ｜ 鉄板 철판 ｜ お皿 접시 ｜
移す 옮기다

◇ 일본의 상업 수도, 오사카②

1. 오사카성(大阪城), 니시노마루정원(西の丸庭園)

도톤보리와 함께 오사카를 대표하는 관광지가 오사카성이다. 오사카성은 전쟁 등으로 많은 피해를 입었지만 전후 복구 작업을 통해 천수각(天守閣)을 비롯한 옛 모습 그대로를 볼 수 있다. 오사카성 천수각 안에는 오사카성의 역사를 담은 역사박물관과 기념품 가게도 있다. 낮에 봐도 웅장한 오사카성이지만 밤에는 불빛을 받아 예쁘게 빛나는 또 다른 오사카성의 모습을 감상할 수 있다.

오사카성은 벚꽃 명소로서도 유명하다. 오사카성을 둘러싼 오사카성공원(大阪城公園) 내에 위치한 니시노마루정원은 천수각을 바라보면서 봄에는 약300 그루의 벚꽃이 피는 모습을 감상할 수 있다. 매년 벚꽃이 피는 계절이 오면 많은 사람들이 이곳을 찾아 하나미(花見)라는 일본식 꽃구경을 한다.

사람들은 돗자리를 깔고 앉아 가족이나 동료, 친한 사람들과 함께 벚꽃을 보면서 술을 마시기도 한다. 평소에는 낮 동안만 운영하지만 벚꽃이 피는 계절에는 밤까지 운영 시간을 연장해 주기 때문에 불에 비춰진 밤 벚꽃도 감상할 수 있다.

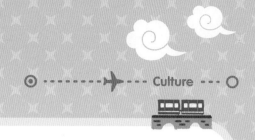
2. 오사카 풍 오코노미야키(大阪風お好み焼き)

다코야키와 함께 오사카의 명물로 인정받은 음식이 오코노미야키이다. 하지만 오코노미야키 역시 일본에서는 오사카를 중심으로 한 오사카 풍 오코노미야키와 히로시마를 중심으로 한 히로시마 풍 오코노미야키가 있고 두 가지 오코노미야키는 보기에는 같아도 굽는 방식이나 재료에 큰 차이가 있다.

오사카를 중심으로 한 오사카 풍 오코노미야키의 큰 특징은 오코노미야키의 재료를 모두 섞은 후에 굽는 방식이다. 반죽에 양배추나 튀김 부스러기 등을 모두 섞어 철판 위에 올린 후 돼지고기 등을 반죽 위에 놓고 어느 정도 구워지면 뒤집으면서 전체적으로 균일하게 굽는다. 이렇게 만든 오코노미야키는 폭신폭신한 식감이 되고 이 폭신함을 조금 더 살리기 위해 마를 반죽에 넣는 경우도 있다.

반면 히로시마를 중심으로 한 히로시마 풍 오코노미야키(広島風お好み焼き)의 특징은 먼저 반죽을 크레페처럼 굽고 그 위에 양배추, 숙주, 돼지고기 등의 재료를 올려서 굽는 방식이다. 그리고 히로시마의 오코노미야키는 재료에 꼭 면이 포함되어 있다는 것도 큰 특징이다.

오사카 풍 오코노미야키(왼쪽)와 히로시마 풍 오코노미야키(오른쪽)

落ちたら大変なので、やめてください。

떨어지면 큰일이니까 하지 마세요.

▶ 그림을 참고하여 대화문을 듣고 어떤 대화인지 추측해 봅시다. Track 09-01

▶ 대화문을 듣고 단어의 읽는 법과 뜻을 아는 대로 적어 봅시다.

□ 清水寺

□ よく

□ 修学旅行

□ しか

□ もったいないです

□ 家

□ 住んだらどうですか

□ 考えてみます

□ それはそうと

□ もう少し

□ 落ちたら

□ 大変なので

□ やめてください

▶ 앞에 나온 단어의 읽는 법과 뜻을 확인해 봅시다.

□ 清水寺 기요미즈 절

□ 考えてみます 생각해 보겠습니다

□ よく 자주, 잘

□ それはそうと 그건 그렇고

□ 修学旅行 수학여행

□ もう少し 조금 더

□ しか 밖에

□ 落ちたら 떨어지면

□ もったいないです 아깝습니다

□ 大変なので 큰일이니까

□ 家 집

□ やめてください 하지 마세요

□ 住んだらどうですか 살면 어때요?

▶ 동희가 나나미와 함께 기요미즈 절에서 이야기를 나눈다.   🎧 Track 09-01

ナナミ   清水寺は本当に久しぶりです。

ドンヒ   ナナミさんは、京都によく来ますか。

ナナミ   いえ、修学旅行でしか来たことがありません。

ドンヒ   神戸に住んでいるのに、もったいないです。

       私は家が近かったら、毎週来たいです。

ナナミ   じゃあ、ドンヒさんは将来京都に住んだらどうですか。

ドンヒ   私がお金持ちだったら、考えてみますけど。

ナナミ   それはそうと、景色を見てください。

ドンヒ   わぁ、京都の街並みがきれいに見えます。

       もう少し近くに行ったら、よく見えると思いますけど。

ナナミ   落ちたら大変なので、やめてください。

회화 스킬업

이야기의 화제를 전환시키고 싶을 때는 'それはそうと(그건 그렇고)'를 사용하면 된다. 1과에서는 일상 회화에서도 격식을 차려서 말하거나 글을 쓸 때도 폭넓게 사용하는 'ところで(그런데)'를 학습하였는데 'それはそうと(그건 그렇고)'는 조금 더 일상 회화에서 자주 쓰는 표현이다.

문형과 표현

01 동사의 **たら**형(가정형) 활용

그룹	그룹 식별 방법	활용 방법	예시
1	○○る→× る로 끝나지 않는 모든 동사	う、つ、る → ったら	乗る → 乗ったら (타다) (타면)
		ぬ、む、ぶ → んだら	飲む → 飲んだら (마시다) (마시면)
	○○る る 직전 히라가나가 あ, う, お단	く → いたら	書く → 書いたら (쓰다) (쓰면)
		ぐ → いだら	泳ぐ → 泳いだら (헤엄치다) (헤엄치면)
	예외(형태는 2그룹 동사) 帰る etc…	す → したら	話す → 話したら (말하다) (말하면)
2	○○る る 직전 히라가나가 い, え단	○○る + たら	見る → 見たら (보다) (보면)
			食べる → 食べたら (먹다) (먹으면)
3	来る		来る → 来たら (오다) (오면)
	する		する → したら (하다) (하면)

い형용사와 な형용사의 **たら**형(가정형)

い	기본형의 い + かったら	小さかったら (작으면)
な	기본형의 だ + だったら	好きだったら (좋아하면)

02 조건 표현에 필요한 문법

〜たら(〜(으)면) (가정: 일어나지 않을지도 모르는 일을 조건으로 함)

もう少し安かったら、もっとたくさん買います。(い형용사)

お金があったら、懐石料理を食べてみたいです。(동사)

必要だったら、自由に使ってください。(な형용사)

休みだったら、また次の機会に行きます。(명사)

〜たら(〜(으)면) (동작의 연속: 앞의 동작이 끝난 후)

駅に着いたら、もう一度連絡します。

説明をよく読んだら、サインしてください。

全部食べたら、おかわりしてください。

새로운 단어

懐石料理 일식 코스요리 | 自由に 자유롭게, 편하게 | 機会 기회 | 説明 설명 | サイン 사인 | おかわり 리필

03 しか 밖에

大きいお金しかありませんけど、いいですか。

すみません。在庫が1つしかないです。

旅費を節約したいので、コンビニ弁当しか食べません。

포인트

'しか'는 한정됨을 부정적인 측면에서 전달할 때 사용하며 반드시 부정 표현과 함께 쓴다.

참고 だけ(만)

大きいお金だけありますけど、いいですか。

すみません。在庫が1つだけあります。

旅費を節約したいので、コンビニ弁当だけ食べます。

たら형(가정형)을 사용한 권유 표현

04 ～たらどうですか ～(으)면 어떻습니까

将来京都に住んだらどうですか。

새로운 단어

大きいお金 큰돈(액수가 큰 지폐) | 在庫 재고 | 旅費 여행 비용 | 節約 절약 | 弁当 도시락

▶ 〈보기〉와 같이 주어진 단어를 빈칸에 넣어 문장을 완성시키고 소리 내어 말해 봅시다.

1

あのう、これもっとありますか。

➡ すみません。在庫は今 <u>これ</u> しかありません。

① 店にあるの　　　② 出ているの　　　③ 残っているの

2

あのう、今からちょっと休憩を取ります。

➡ <u>飲み物を買ったら</u>、また集まってください。

① コーヒーを飲む　　　② トイレに行く　　　③ 軽く食事する

3

あのう、<u>京都に住んだら</u> どうですか。

➡ <u>お金持ちだったら</u>、考えてみます。

① 抹茶パフェを食べる、友だちが好きだ

② 外に出る、天気が良い

③ 人力車に乗る、お金がある

새로운 단어

出る 나오다 ｜ 残る 남다 ｜ 休憩を取る 휴식하다 ｜ 飲み物 마실 것 ｜ 軽い 가볍다 ｜
抹茶パフェ 말차 파르페 ｜ 人力車 인력거

듣기 연습

▶ 음성을 잘 듣고 빈칸에 알맞은 단어나 표현을 넣어 봅시다.

 Track 09-02

1. ① 空港に着い＿＿＿＿＿、もう一度連絡します。

② カード＿＿＿＿＿ないですけど、いいですか。

③ お金を節約したいので、コンビニ弁当＿＿＿＿＿食べます。

2. ① すみません。＿＿＿＿＿＿しか＿＿＿＿＿＿＿＿。

② 案内を＿＿＿＿＿＿＿＿ ＿＿＿＿＿＿してください。

③ 東京に＿＿＿＿＿＿＿＿ ＿＿＿＿＿＿＿＿＿。

▶ 질문을 잘 듣고 ①~③ 중에서 알맞은 답을 골라 봅시다.

 Track 09-03

3.

① ＿＿＿＿＿＿＿＿＿＿＿＿＿＿。

② ＿＿＿＿＿＿＿＿＿＿＿＿＿＿。

③ ＿＿＿＿＿＿＿＿＿＿＿＿＿＿。

플러스 회화

▶ 동희와 나나미가 금각사를 바라보며 이야기 나눈다.

Track 09-04

ドンヒ　わぁ、金閣寺は金色で派手です。
　　　　本当に金でできていますか。

ナナミ　ええ、金箔でできています。

ドンヒ　そういえば、銀閣寺もありますよね。
　　　　やっぱり京都に来たら、金閣寺と銀閣寺です。
　　　　ナナミさん、次は銀閣寺に行ったらどうですか。

ナナミ　今日はちょっと…。
　　　　今から銀閣寺に行ったら、閉まっていると
　　　　思います。銀閣寺は金閣寺と離れているので。

ドンヒ　今日しか機会がないのに、本当に残念です。

새로운 단어

金閣寺 금각사 | 金色 금색 | 派手だ 화려하다 | 金 금 | できる 만들어지다 | 金箔 금박 |
銀閣寺 은각사 | 離れる 떨어지다

第9課 落ちたら大変なので、やめてください。　113

◇ 일본의 고도, 교토

1. 기요미즈 절(清水寺)
_{きよみずでら}

유네스코 세계문화유산으로 등재된 기요미즈 절은 기요미즈의 무대(清水の舞台)로
아주 유명한 곳이다. 기요미즈의 무대는 기요미즈 절의 본당과 연결되어 있으며 높이
가 4층 빌딩 정도에 해당하는 약 18미터이다. 이 무대에서 바라보는 교토의 거리 풍경
은 아주 아름다워서 일본인 관광객은 물론 해외 관광객에게도 많은 인기를 얻고 있
다. 또한 이 무대는 뛰어내리는 사람들이 많았던 것으로도 유명하다. 특히 에도 시대
에는 목숨을 걸고 이 무대에서 뛰어내리는 사람들이 많았다는데, 여기서 뛰어내려도
살아 있다면 소원이 이루어진다는 미신이 있어서였다고. (현재는 뛰어내리는 것을 엄
격히 금하고 있다.) '기요미즈의 무대에서 뛰어내린다'라는 일본 속담은 이러한 사실에
서 유래했는데, 이 속담은 현재 '큰 마음을 먹고 무언가를 정할 때' 쓰는 표현이다.

낮의 기요미즈 절과 교토 시내(왼쪽), 기요미즈 절의 정문(오른쪽)

2. 금각사(金閣寺)

유네스코 세계문화유산으로 등재된 금각사는 무로마치막부 3대 장군인 아시카가 요시미쓰가 지은 절이며 정식 명칭은 로쿠온 절(鹿苑寺)이다. 금박으로 장식한 호화로운 외관으로 유명하며 귀족 문화와 무사 문화, 그리고 중국의 대륙 문화가 융합된 호쿠잔문화(北山文化)를 대표하는 건축물이다.

금박으로 장식한 금각사

3. 은각사(銀閣寺)

유네스코 세계문화유산으로 등재된 은각사는 무로마치막부 8대 장군인 아시카가 요시마사가 세운 절이며 정식 명칭은 지쇼 절(慈照寺)이다. 이름과 달리 은박으로 장식하지 않았으며 검정색이다. 소박하면서도 품위가 있는 외관은 그 당시에 유행했던 와비(わび), 사비(さび. 투박하고 조용한) 문화를 같이 하는 도잔문화(東山文化)를 대표하는 건축물이다.

은박으로 장식하지 않은 은각사

市販のお菓子で エサやりはできません。

일반 과자로 먹이 주기는 할 수 없습니다.

학습 목표

- 동사를 가능형으로 활용할 수 있다.
- 동사의 가능형과 가능 표현을 구분하여 사용할 수 있다.

학습 내용

- 동사의 가능형
- ら를 뺀 가능형의 축약형
- 가능 표현

  ～することができます
- ～かもしれません
- 대상을 한정시키는 표현
  ～専用(せんよう)

일본 여행 맛보기

- 일본의 또 다른 고도, 나라

▶ 그림을 참고하여 대화문을 듣고 어떤 대화인지 추측해 봅시다.

 Track 10-01

▶ 대화문을 듣고 단어의 읽는 법과 뜻을 아는 대로 적어 봅시다.

□ 鹿 　　　　　　　　　　□ 奈良公園

□ やってもいいですか 　　□ 買えます

　　　　　　　　　　　　□ 人間

□ 市販 　　　　　　　　　□ 食べることができますか

□ エサやり

□ できません 　　　　　　□ たぶん

□ はい、どうぞ 　　　　　□ 食べられる

□ 鹿せんべい 　　　　　　□ 角

□ 専用 　　　　　　　　　□ つつくかもしれません

 단어

Words

▶ 앞에 나온 단어의 읽는 법과 뜻을 확인해 봅시다.

□ 鹿 사슴

□ 奈良公園 나라공원

□ やってもいいですか 줘도 됩니까

□ 買えます 살 수 있습니다

□ 市販 일반, 시판

□ 人間 인간

□ エサやり 먹이 주기

□ 食べることができますか 먹을 수 있습니까

□ できません 할 수 없습니다

□ たぶん 아마도

□ はい、どうぞ 어서 받으세요

□ 食べられる 먹을 수 있다

□ 鹿せんべい 사슴 과자

□ 角 뿔

□ 専用 전용

□ つつくかもしれません 찌를지도 모릅니다

일반 과자로 먹이 주기는 할 수 없습니다.

▶ 동희가 나나미와 함께 나라공원에 있는 사슴을 보고 이야기를 나눈다. Track 10-01

ドンヒ	わぁ、鹿がたくさんいます。
	ナナミさん、鹿にお菓子をやってもいいですか。
ナナミ	いえ、市販のお菓子ではエサやりはできません。
	ドンヒさん、ちょっと待っていてください。
ナナミ	はい、どうぞ。鹿せんべいです。
	鹿専用のお菓子で、奈良公園で買えます。
ドンヒ	これは人間も食べることができますか。
ナナミ	たぶん食べられると思いますけど。
ドンヒ	ナナミさん、鹿が近くに来ます。
ナナミ	ドンヒさん、早く鹿せんべいをやってください。
	鹿が角でつつくかもしれません。

회화 스킬업

STEP1의 4과에서 물건을 건네주는 표현으로 'これどうぞ(이것 어서 받으세요)'를 학습했는데 일본에서 물건을 건네줄 때 가장 널리 사용하는 표현으로 'はい、どうぞ(어서 받으세요)'가 있다. 또한 친한 사람이나 아랫사람에게 사용할 때는 간단하게 'はい'라고만 하기도 한다.

01 동사의 기본 가능형 활용

그룹	그룹 식별 방법	활용 방법	예시
1	○○る→× る로 끝나지 않는 모든 동사	う단 → え단 + る	行く → 行ける (가다) (갈 수 있다)
	○○る る 직전 히라가나가 あ, う, お단		乗る → 乗れる (타다) (탈 수 있다)
	예외(형태는 2그룹 동사) 帰る etc…		帰る → 帰れる (돌아가다) (돌아갈 수 있다)
2	○○る る 직전 히라가나가 い, え단	○○る + られる	見る → 見られる (보다) (볼 수 있다) 食べる → 食べられる (먹다)(먹을 수 있다)
3	来る		来る → 来られる (오다) (올 수 있다)
	する		する → できる (하다) (할 수 있다)

가능형의 ます형

る → ます	行ける → 行けます (갈 수 있다) (갈 수 있습니다)

포인트

1그룹~3그룹까지 모두가 가능형으로 활용되면 맨 마지막의 히라가나가 る이고 る 직전 히라가나가 え단인 특징을 가진 2그룹 동사로 바뀐다.

02 가능형의 **ます**형

これ一本[いっぽん]で奈良[なら]まで行[い]けますか。

すみません。私[わたし]は肉料理[にくりょうり]が食[た]べられません。

国際免許[こくさいめんきょ]があるので、日本[にほん]でも運転[うんてん]できます。

 포인트

가능형은 목적어를 취할 때 함께 사용하는 조사로 '를'가 아닌 '가'를 쓰기 때문에 유의해야 한다.

03 **ら**를 뺀 가능형의 **ます**형(축약형)

2그룹과 3그룹의 来[く]る는 られる의 ら를 빼고 れる로 활용할 수 있다.

私[わたし]は生[なま]ものも平気[へいき]で食[た]べれます。(食[た]べられる→食[た]べれる)

明日[あした]駅[えき]にちゃんと来[こ]れますか。(来[こ]られる→来[こ]れる)

 포인트

일본에서는 'られる'의 'ら'를 빼고 'れる'로 활용하는 것을 'ら'를 뺀 말이라고 해서 'ら抜[ぬ]き言葉[ことば](ら를 뺀 말)'라고 한다. 특히 회화에서 자주 일어나는 현상이다.

 새로운 단어

一本[いっぽん] 한 번에(환승 없이) | 肉料理[にくりょうり] 고기 요리 | 国際免許[こくさいめんきょ] 국제면허 | 運転[うんてん]する 운전하다 |
平気[へいき]で 아무렇지 않게

문형과 표현

04 동사의 기본형 + ～ことができます ～ㄹ/을 수 있습니다

この部屋には2人まで泊まることができます。

飲食は持ち込むことができません。

コインランドリーは24時間使うことができます。

> **포인트**
>
> '～ことができます'는 격식을 차릴 때나 글쓰기 때 주로 사용한다.

05 동사의 기본형, い형용사 기본형, な형용사의 だ +
～かもしれないです ～ㄹ/을 지도 모르겠습니다

明日は雪が降るかもしれません。

あのレストランは人が少ないので、まずいかもしれません。

このラーメン屋は味が濃厚なので、韓国の人は嫌いかもしれません。

대상을 한정시키는 표현

06 ～専用 ～전용

鹿専用のお菓子です。

새로운 단어

飲食 마실 것, 먹을 것 | 持ち込む 반입하다 | コインランドリー 코인 빨래방

▶ 〈보기〉와 같이 주어진 단어를 빈칸에 넣어 문장을 완성시키고 소리 내어 말해 봅시다.

1

あのう、電車 は大丈夫ですか。

➡ 大雨で運転を見合わせる かもしれません。

① 新幹線、大雪で遅延する　　② バス、事故で渋滞する

③ 飛行機、台風で欠航する

2

あのう、鹿にエサやりする ことができますか。

➡ ええ、エサやりできます / いえ、エサやりできません。

① ホテルに荷物を預ける　　② お酒を飲む

③ 右ハンドルで運転する

3

あのう、人間も食べられますか。

➡ ええ、食べれます / いえ、食べれません。

① 梅干しを食べる　　② エクストラベッドで寝る

③ 駅まで来る

새로운 단어

大雨 폭우 ｜ 見合わせる 보류하다 ｜ 大雪 폭설 ｜ 遅延する 지연되다 ｜ 事故 사고 ｜ 欠航する 결항하다 ｜
右ハンドル 오른쪽 핸들 ｜ エクストラベッド 간이침대

▶ 음성을 잘 듣고 빈칸에 알맞은 단어나 표현을 넣어 봅시다. Track 10-02

1. ① すみません。彼女は肉料理＿＿＿食べられません。

② 明日は台風が来る＿＿＿＿＿しれません。

③ 牛丼は24時間食べる＿＿＿＿＿ができます。

2. ① これ＿＿＿＿＿＿奈良公園に＿＿＿＿＿＿＿＿＿。

② 飲食は＿＿＿＿＿＿＿ことが＿＿＿＿＿＿＿＿。

③ ＿＿＿＿＿＿運転を＿＿＿＿＿＿＿＿＿＿＿＿＿＿＿＿＿。

▶ 질문을 잘 듣고 ①～③ 중에서 알맞은 답을 골라 봅시다. Track 10-03

3.

① ＿＿＿＿＿＿＿＿＿＿＿。

② ＿＿＿＿＿＿＿＿＿＿＿。

③ ＿＿＿＿＿＿＿＿＿＿＿。

플러스 회화

▶ 동희가 나나미와 함께 도다이 절 안으로 들어가 이야기를 나눈다.

🎧 Track 10-04

ドンヒ　東大寺の大仏はすごく大きいです。

　　　　こんなに大きい大仏が作れるのが不思議です。

ナナミ　ドンヒさん、ちょっとこっちに来てください。

ドンヒ　はい、何ですか。

ナナミ　ドンヒさん、柱くぐりをしてみたらどうですか。

　　　　柱の穴をくぐれたら、無病息災というご利益があります。

ドンヒ　えっ、穴が小さくて、引っかかるかもしれません。

ナナミ　ドンヒさんはスリムなので、大丈夫です。

ドンヒ　あっ、くぐれました。

ナナミ　ドンヒさんは
　　　　くぐれたので、
　　　　無病息災です。

새로운 단어

東大寺 도다이 절 | 大仏 대불, 큰 불상 | すごい 대단하다 | 不思議だ 신기하다 |
柱くぐり 기둥 구멍 빠져 나가기 | 柱 기둥 | 穴 구멍 | くぐる 빠져 나가다 | 無病息災 무병 식재 |
ご利益 덕택 | 引っかかる 걸리다 | スリムだ 슬림하다, 날씬하다

◇ 일본의 또 다른 고도, 나라

1. 나라공원(奈良公園)과 사슴 과자(鹿せんべい)

나라에 가면 빼놓을 수 없는 곳이 나라공원이다. 나라공원 내에는 수많은 국보, 도다이 절(東大寺)을 비롯하여 고후쿠 절(興福寺), 가스가대사(春日大社) 등 유네스코 세계문화유산이 있으며 1년 내내 국내 관광객뿐만 아니라 해외 관광객도 많이 찾아가는 대표적인 관광지이다. 또한 봄에는 벚꽃놀이, 가을에는 단풍놀이를 할 수 있는데, 특히 벚꽃 구경 하면 일본 벚꽃 명소 100선에 들어갈 정도로 매우 유명하다.

사람들이 나라공원을 찾아가는 또 하나의 이유는 이곳에 서식하는 사슴 때문이다. 나라공원은 약 1,200마리 정도가 서식하는 사슴 공원으로 세계적으로 유명하며 사슴과 함께 사진도 찍고 이곳에서 판매하는 사슴 과자를 사서 먹이주기 체험도 가능한 즐거운 곳이다. 사슴 과자는 쌀겨나 밀가루로 만든 전병 형태의 과자인데 사슴에게 주는 먹이로는 오직 이 과자만 허용된다. 유의할 점은 사슴들이 누가 과자를 샀는지, 누가 과자를 가지고 있는지 다 보고 있기 때문에 사슴 과자를 샀다면 되도록 지체 없이 사슴에게 줘야 한다. 안 그러면 사슴이 빨리 달라고 뿔로 찔러 재촉할 수도 있다.

나라공원에 있는 사슴(왼쪽)과 사슴 과자(오른쪽)

✽ 일반 과자로 먹이 주기는 할 수 없습니다.

2. 도다이 절(東大寺)과 기둥 구멍 빠져 나가기(柱くぐり)

나라의 도다이 절은 일본에서 가장 큰 불상이 있는 곳으로 유명한 절이다. 이 큰 불상이 있는 대불전이라는 건물을 지탱하는 기둥 중 하나에 구멍이 나 있는 것이 있다. 도다이 절이 있는 나라에서는 옛날부터 기둥 구멍을 빠져 나가면 액막이의 혜택을 받는다고 믿는다. 여기서 말하는 액막이라는 것은 오늘날의 무병 식재, 즉 병에 걸리지 않고 건강하게 살 수 있음을 뜻한다.

이 기둥에 있는 구멍은 세로 37cm, 가로 30cm, 지름 120cm의 크기인데 이곳에 있는 큰 불상의 콧구멍과 같은 크기라고 한다. 일반적으로는 초등학교 6학년 정도의 아이가 간신히 빠져 나갈 정도의 크기라고 하며 성인 남성이 빠져 나가기는 지극히 어려운 일이라고 한다.

기둥 빠져 나가기는 무료이며 보통 대기 시간이 5~10분이다. 주말이나 연휴 때여도 10~20분 정도만 기다리면 체험할 수 있기 때문에 특히 체구가 비교적 작은 여성이라면 한 번 줄을 서서 해 볼만하다.

도다이 절 외관(왼쪽)과 구멍이 있는 기둥(오른쪽)

レジでちょっと
安_{やす}くしてもらいます。

계산대에서 조금 싸게 해 줍니다.

학습 목표
- 일본어의 수수(授受_{じゅじゅ})표현을 이해한다.
- 일본어로 행위를 주고받을 때 쓰는 표현을 듣고 말할 수 있다.

학습 내용
- **수수표현**

  あげる(やる), くれる, もらう

- **행위의 주고받음에 필요한 문법**

  ~てあげます, ~てくれます, ~てもらいます

- **필요 이상의 호의나 배려를 사절하는 표현**

  ~は無用_{むよう}です

일본 여행 맛보기
- 일본의 멋진 항구 도시, 고베

▶ 그림을 참고하여 대화문을 듣고 어떤 대화인지 추측해 봅시다.

▶ 대화문을 듣고 단어의 읽는 법과 뜻을 아는 대로 적어 봅시다.

☐ ステーキ ＿＿＿＿＿＿＿＿＿＿＿ ☐ おごってくれますか ＿＿＿＿＿＿＿

☐ 最高級 ＿＿＿＿＿＿＿＿＿＿＿ ＿＿＿＿＿＿＿＿＿＿＿

☐ ブランド牛 ＿＿＿＿＿＿＿＿＿ ☐ 一応 ＿＿＿＿＿＿＿＿＿＿＿

☐ 特別に ＿＿＿＿＿＿＿＿＿＿ ☐ 何でも ＿＿＿＿＿＿＿＿＿＿

☐ おごってあげます ＿＿＿＿＿ ☐ 無用 ＿＿＿＿＿＿＿＿＿＿＿

＿＿＿＿＿＿＿＿＿＿＿ ☐ 知り合い ＿＿＿＿＿＿＿＿＿

단어

▶ 앞에 나온 단어의 읽는 법과 뜻을 확인해 봅시다.

□ ステーキ 스테이크

□ おごってくれますか 사 줍니까

□ <ruby>最高級<rt>さいこうきゅう</rt></ruby> 최고급

□ <ruby>一応<rt>いちおう</rt></ruby> 그래도, 일단

□ ブランド<ruby>牛<rt>ぎゅう</rt></ruby> 명품 소고기

□ <ruby>何<rt>なん</rt></ruby>でも 무엇이든지

□ <ruby>特別<rt>とくべつ</rt></ruby>に 특별히

□ <ruby>無用<rt>むよう</rt></ruby> 필요 없음

□ おごってあげます 사 주겠습니다

□ <ruby>知<rt>し</rt></ruby>り<ruby>合<rt>あ</rt></ruby>い 지인, 아는 사람

 Track 11-01

▶ 동희가 나나미와 함께 고베에서 유명한 스테이크 하우스에 와서 이야기를 나눈다.

ナナミ 　神戸に来たら、神戸牛のステーキです。

ドンヒ 　でも、神戸牛はすごく高くないですか。

　　　　日本で最高級のブランド牛ですよね。

ナナミ 　大丈夫です。私が特別におごってあげます。

ドンヒ 　えっ、ナナミさんがおごってくれますか。

ナナミ 　私一応働いているので、ちょっとはお金があります。

　　　　今日は何でも好きなのを選んでください。

ドンヒ 　えっ、メニューを見たら、本当に高いですけど…。

ナナミ 　ドンヒさん、心配は無用です。

　　　　実は知り合いがこの店で働いているので、

　　　　レジでちょっと安くしてもらいます。

회화 스킬업

'一応'는 원래 '一応分かりました(일단 알았습니다)'처럼 '일단'의 뜻으로 사용하는 경우가 많다. 그런데 일본에서 일본인들은 '一応'를 '일단'의 뜻 외에도 '어느 정도, 최소한'의 뜻으로도 사용함을 알아 둘 필요가 있다.

01 수수표현

한국어로 '주다' 또는 '받다'를 활용한 표현을 일본어로 주고받는다고 하여 수수(授受)표현이라고 한다. 일본어에는 あげる, やる, くれる, もらう의 네 가지 표현이 있으며 특히 あげる, やる, くれる의 차이에 유의해야 한다.

수수표현 종류	주어 제약	대상 제약
あげる(주다)	없음	없음
やる(주다)	없음	(주어보다) 아랫사람 또는 동물, 식물이어야 함
くれる(주다)	1인칭 이외의 모두 (私가 주어에 올 수 없음)	1인칭(혹은 나의 가족) (私만 대상에 올 수 있음)
もらう(받다)	없음	없음

やる (동등한 사람, 아랫사람 또는 동물, 식물에게) 주다

私は時々弟にお小遣いをやります。

友だちは奈良公園で鹿にエサをやりました。

彼女は毎日花に水をやります。

새로운 단어
時々 가끔 | 弟 남동생 | お小遣い 용돈 | 毎日 매일 | 花 꽃

くれる (나, 나의 가족에게) 주다

店員さんが(私に)クーポンをくれました。

駅員さんが妹に記念品をくれました。

포인트

'くれる'를 사용하면 자연스럽게 대상이 나 또는 나의 가족으로 한정되므로 특히 '私に'는 생략되는 경우가 많다.

행위의 주고받음에 필요한 문법

02 동사의 て형 + てあげます(やります) ~어/아 줍니다

私は両親の旅行の手配を手伝ってあげます。

私があなたのスーツケースを持ってあげます。

今日は私がみんなに夕食をおごってやります。

妹 여동생 | 記念品 기념품 | 両親 부모 | 手配 수배 | 夕食 저녁, 저녁밥

동사의 て형 + てくれます ~어/아 줍니다

すみませんけど、空港まで(私を)送ってくれませんか。

このお店はいつも(私に)サービスしてくれます。

ホテルの場所を(私に)教えてくれませんか。

동사의 て형 + てもらいます ~어/아 줍니다

臭いがするので、部屋を換えてもらいました。

明日父に駅まで送ってもらいます。

旅行に行く前に、母にお弁当を作ってもらいました。

필요 이상의 호의나 배려를 사절하는 표현

03 ~は無用です ~은/는 필요 없습니다

心配は無用です。

새로운 단어

送る 데려다 주다 | 臭いがする 냄새가 나다 | 父 아버지 | 母 어머니

말하기 연습

▶ 〈보기〉와 같이 주어진 단어를 빈칸에 넣어 문장을 완성시키고 소리 내어 말해 봅시다.

1

あのう、本当に大丈夫ですか。

➡ ええ、本当に大丈夫ですので。心配は無用です。

① 遠慮　　　　　② 手伝い　　　　　③ お節介

2

あのう、空港まで送ってくれますか。

➡ もちろんです。空港まで送ってあげます。

① もうちょっと安くする　　　② 道を教える
③ 一緒にご飯を食べる

3

あのう、部屋に何か問題がありますか。

➡ ええ、臭いがするので換えてもらいたいです。

① トイレ、壊れている、直す　　　② 料理、しょっぱい、薄める
③ 商品、汚れがある、交換する

お節介 오지랖 │ 直す 고치다 │ 薄める 연하게 하다, 희석시키다 │ 汚れ 얼룩

듣기 연습

▶ 음성을 잘 듣고 빈칸에 알맞은 단어나 표현을 넣어 봅시다.　Track 11-02

1. ① 妹_{いもうと}にお小遣_{こづか}いを_____。

② 大丈夫_{だいじょうぶ}です。お節介_{せっかい}は_____です。

③ すみません、駅_{えき}の場所_{ばしょ}を教_{おし}えて_____。

2. ① 弟_{おとうと}の旅行_{りょこう}の_____を_____。

② 彼女_{かのじょ}の_____を_____。

③ 飛行機_{ひこうき}に乗_のったら、_____を_____。

▶ 질문을 잘 듣고 ①~③ 중에서 알맞은 답을 골라 봅시다.　Track 11-03

3.

① _____。

② _____。

③ _____。

플러스 회화

▶ 동희가 나나미의 집을 방문하여 나나미 어머니와 이야기를 나눈다.

Track 11-04

ドンヒ　　お邪魔します。

ナナミの母　ドンヒさん、どうぞ。ナナミの母です。

　　　　　　ナナミがちゃんと案内できましたか。

ドンヒ　　はい、ナナミさんが日本をたくさん案内してくれま

　　　　　　した。

ナナミの母　それはよかったです。

　　　　　　ナナミ、ドンヒさんにジュース出してあげて。

ドンヒ　　いえ、お構いなく。ジュースは大丈夫です。

ナナミの母　ドンヒさん、遠慮しないでください。

ドンヒ　　実は、トイレに行きたくて。トイレを貸してもらっ

　　　　　　てもいいですか。

ナナミの母　あっ、どうぞ。

　　　　　　自由に使って

　　　　　　ください。

새로운 단어

お邪魔します (남의 집을 방문할 때) 실례하겠습니다ㅣ出す 내다ㅣお構いなく 신경 쓰지 마세요ㅣ
遠慮する 사양하다ㅣ貸す 빌려주다

◇ 일본의 멋진 항구 도시, 고베

1. 스테이크 랜드 고베관(ステーキランド神戸館)

고베 하면, 일본인들 사이에서는 고베규(神戸牛), 즉 일본의 최고급 소고기의 본 고장으로 매우 유명하다. 고베가 위치하는 단바지역(丹波地方)은 습지대이며 안 개가 많이 끼는 곳인데 이 습기나 안개가 소의 육질을 좋게 만든다. 그리고 여기서 키우는 소는 산에 있는 방목장에서 하루 종일 깨끗한 풀과 물을 먹으며 뛰어다니 는데 그 결과, 최고의 소고기가 탄생한다.

스테이크 랜드 고베관은 고베규에 대한 모든 것을 아는 요리사가 직접 철판 위에 구워 주는 스테이크 전문점이다. 메뉴는 일반적으로 스테이크가 기본이며 스테이 크 외에 스프, 샐러드, 구운 채소, 빵 또는 밥, 식후의 커피가 포함되어 있다. 또한 메뉴 중에는 고베규가 아닌 그저 국산 소고기를 사용한 것도 있는데 고베까지 갔 다면 이왕이면 고베규를 한 번 먹어 보기를 추천한다. 일본 최고의 소고기인 만큼 값은 비싸지만 전문가에 의해 최고의 상태로 제공되는 고베규를 먹을 가치는 충분 하다. 그래도 가격이 조금 부담스럽다면 점심 메뉴를 통해 저렴하게 체험하는 방 법도 있다.

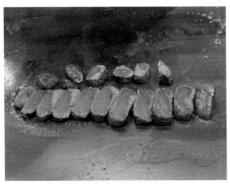 

큰 철판 위에 올려 고기를 굽는 모습(왼쪽)과 고베규 스테이크 정식(오른쪽)

계산대에서 조금 싸게 해 줍니다.

2. 고베항(神戸港)의 야경

고베는 항구 도시로도 유명하며 고베항의 상징인 고베 포트타워(神戸ポートタワー)를 중심으로 한 항구의 야경이 매우 아름답다. 고베 포트타워를 직접 올라가서 고베 시내 전체를 구경하는 것도 좋지만 조금 떨어진 곳에서 고베 포트 타워와 함께 특이하게 생긴 고베 해양박물관(神戸海洋博物館)의 야경을 감상하는 것도 매력적이다.

멀리서 본 고베항의 야경

3. 고베 난킨마치(神戸南京町)

난킨마치는 요코하마, 나가사키와 함께 일본 3대 차이나타운 중 하나이다. 이곳은 약 110미터 정도가 되는 거리에 중국요리집이나 중국 잡화, 딤섬 등의 중국 스트리트 푸드를 파는 포장마차가 줄지어 있다. 난킨마치의 인기 메뉴는 판다 모양의 찐빵인 판다 찐빵(パンダまん)이다.

난킨마치의 모습(왼쪽)과 판다 찐빵(왼쪽).

学校も始まるので
忙しくなります。

学교도 시작하니까 바빠집니다.

학습 목표

- 지금까지 학습한 た형(과거형)、たら형(가정형)、가능형을 복습한다.
- い형용사, な형용사를 동사로 활용할 수 있다.

학습 내용

- た(ら)형(과거형, 가정형) 및 가능형 활용 복습

- 형용사를 동사로 활용할 때 필요한 문법

  ～くなります, ～になります

- ～になります(명사)、～か 分かりません

- 최대한 노력해서 뭔가를 할 때 사용하는 표현
  一生懸命～

일본 여행 맛보기

- 일본의 다양한 관광 도시, 홋카이도, 후쿠오카, 오키나와

▶ 그림을 참고하여 대화문을 듣고 어떤 대화인지 추측해 봅시다. Track 12-01

▶ 대화문을 듣고 단어의 읽는 법과 뜻을 아는 대로 적어 봅시다.

☐ あっという間　　　　　　☐ 来れるか分かりません

_____　_____

☐ 嬉しい　_____　☐ 忙しくなります _____

☐ 本州　_____　☐ 社会人になって _____

☐ 北海道　_____　☐ 一生懸命 _____

☐ 九州·沖縄　_____　☐ 稼ぎたいです _____

☐ 当分　_____　☐ 時間がなくなります _____

_____

▶ 앞에 나온 단어의 읽는 법과 뜻을 확인해 봅시다.

□ あっという間（ま） 순식간

□ 来（こ）れるか分（わ）かりません
올 수 있을지 모르겠습니다

□ 嬉（うれ）しいです 기쁩니다

□ 忙（いそが）しくなります 바빠집니다

□ 本州（ほんしゅう） 혼슈(일본에서 가장 큰 섬)

□ 社会人（しゃかいじん）になって 회사원이 돼서

□ 北海道（ほっかいどう） 홋카이도

□ 一生懸命（いっしょうけんめい） 열심히

□ 九州（きゅうしゅう）・沖縄（おきなわ） 규슈, 오키나와

□ 稼（かせ）ぎたいです 벌고 싶습니다

□ 当分（とうぶん） 당분간

□ 時間（じかん）がなくなります
시간이 없어집니다

▶ 나나미의 방에서 동희와 나나미가 이번 여행에 대해서 이야기를 나눈다. Track 12-01

ドンヒ　ナナミさん、今度の旅行も楽しすぎてあっという間
　　　　でした。
　　　　また一緒に旅行ができたら嬉しいです。

ナナミ　私もです。次はどこに行ってみたいですか。

ドンヒ　私本州しか行ったことがありません。
　　　　次は北海道とか九州・沖縄がいいです。

ナナミ　分かりました。じゃあ、いつまた来るつもりですか。

ドンヒ　それが…。実は、当分来れるか分かりません。
　　　　お金もなくて、学校も始まるので忙しくなります。
　　　　早く社会人になってお金を一生懸命稼ぎたいです。

ナナミ　ドンヒさん、社会人になったら、お金はあります
　　　　けど、時間がなくなります…。

회화 스킬업

3과에서 '〜すぎです'는 '너무(지나치게) 〜하다'로, 도를 지나친 행위를 부정적으로 표현한다고 배웠다. 그러나 일본인들의 실제 회화에서는 '〜すぎです'를 긍정적으로 표현할 때도 자주 사용한다.

01 동사의 た(ら)형(과거형, 가정형) 및 가능형 활용 복습

활용 종류	그룹	활용 방법
た(ら)형	1	う、つ、る → った(ら) ぬ、む、ぶ → んだ(ら) く → いた(ら) (*行く → 行った(ら)) ぐ → いだ(ら) す → した(ら)
	2	○○る + た(ら)
	3	来る → 来た(ら)、する → した(ら)
가능형	1	う단 → え단 + る
	2	○○る + られる
	3	来る → 来られる、する → できる

た형 활용의 문법 총정리

활용 종류	買う	食べる	来る
～たことがあります (~ㄴ/은 적이 있습니다)	買ったことが あります	食べたことが あります	来たことが あります
～た後 (~ㄴ/은 후)	買った後	食べた後	来た後
～たほうがいいです (~은/는 편이 낫습니다)	買ったほうが いいです	食べたほうが いいです	来たほうが いいです

02 い형용사 부사형(く) + なります ~어/아집니다

この赤い粉を入れたら、ラーメンが辛くなります。

昨日から連休で平日より観光客が多くなりました。

2つ買ったら、もっと安くなりますか。

03 な형용사 부사형(に) + なります ~어/아집니다

今人気の化粧品を使ったら、肌がきれいになりました。

韓国のテレビ番組で紹介されて有名になりました。

昔は生ものが嫌いでしたけど、今は好きになりました。

 새로운 단어

粉 가루 | 観光客 관광객 | 化粧品 화장품 | 肌 피부 | テレビ番組 방송 프로그램 | 生もの 날것

04 명사 + になります ～이/가 됩니다

<ruby>今度<rt>こんど</rt></ruby>の<ruby>日本旅行<rt>にほんりょこう</rt></ruby>が<ruby>初<rt>はじ</rt></ruby>めての<ruby>海外旅行<rt>かいがいりょこう</rt></ruby>になります。

<ruby>失礼<rt>しつれい</rt></ruby>ですけど、<ruby>今年<rt>ことし</rt></ruby><ruby>満何歳<rt>まんなんさい</rt></ruby>になりますか。

<ruby>今年<rt>ことし</rt></ruby><ruby>大学<rt>だいがく</rt></ruby>を<ruby>卒業<rt>そつぎょう</rt></ruby>して、<ruby>日本<rt>にほん</rt></ruby>でプログラマーになりました。

05 동사의 기본형 + か分かりません ～는(ㄹ/을)지 모르겠습니다

すみません、ホテルがどこにあるか<ruby>分<rt>わ</rt></ruby>かりません。

いつまた<ruby>入荷<rt>にゅうか</rt></ruby>するか<ruby>分<rt>わ</rt></ruby>かりません。

いつリストラされるか<ruby>分<rt>わ</rt></ruby>かりません。

최대한 노력을 할 때 사용하는 표현

06 <ruby>一生懸命<rt>いっしょうけんめい</rt></ruby>～ 열심히

<ruby>一生懸命稼<rt>いっしょうけんめいかせ</rt></ruby>ぎたいです。

<ruby>失礼<rt>しつれい</rt></ruby>ですけど 실례지만 | <ruby>満何歳<rt>まんなんさい</rt></ruby> 만으로 몇 살 | プログラマー 프로그래머 | <ruby>入荷<rt>にゅうか</rt></ruby>する 입고하다 |

リストラされる 정리해고 당하다

말하기 연습

▶ 〈보기〉와 같이 주어진 단어를 빈칸에 넣어 문장을 완성시키고 소리 내어 말해 봅시다.

1

あのう、この店の料理の味はどうですか。

➡ 前より 辛く なりました。

① しょっぱい　　　　② おいしい　　　　③ まずい

2

あのう、いつ 商品が入荷 しますか。

➡ えっと、いつ 商品が入荷する かわかりません。

① 中に入って食べれる　　　　② アトラクションの運転が再開する

③ ショーが始まる

3

あのう、化粧品 はどうですか。

➡ 毎日使って 肌がきれいになりました。

① ケーキ屋、改装する、おしゃれだ　② 定食屋、テレビに出る、有名だ

③ 駅ビル、再開発する、にぎやかだ

새로운 단어

再開する 다시 시작하다 ┃ ケーキ屋 케이크집 ┃ 改装する 리모델링하다 ┃ 定食屋 정식집 ┃
テレビに出る 티비에 나오다 ┃ 駅ビル 역과 연결된 빌딩 ┃ 再開発する 재개발하다

▶ 음성을 잘 듣고 빈칸에 알맞은 단어나 표현을 넣어 봅시다. Track 12-02

1. ① すみません、駅_{えき}がどこにある＿＿分かりません。

② あのう、もっと＿＿＿＿なりますか。

③ これが初_{はじ}めての日本_{にほん}旅行_{りょこう}＿＿なります。

2. ① 日本_{にほん}の＿＿＿＿＿＿＿で紹介_{しょうかい}されて＿＿＿＿＿＿＿＿。

② 今日_{きょう}から＿＿＿＿＿で観光客_{かんこうきゃく}が＿＿＿＿＿＿＿＿＿。

③ あのう、＿＿＿何歳_{なんさい}＿＿＿＿＿＿＿。

▶ 질문을 잘 듣고 ①~③ 중에서 알맞은 답을 골라 봅시다. Track 12-03

3.

① ＿＿＿＿＿＿＿＿＿＿。

② ＿＿＿＿＿＿＿＿＿＿。

③ ＿＿＿＿＿＿＿＿＿＿。

▶ 공항으로 가는 나나미의 차 안에서 동희와 나나미가 장래에 대해서 이야기를 나눈다. 🎧 Track 12-04

ナナミ ドンヒさん、大学を卒業したら、何になりたいですか。

ドンヒ 私は卒業した後、やっぱり大企業で働きたいです。

ナナミ そうですか。でも、韓国の大企業は狭き門じゃない
　　　　 ですか。

ドンヒ はい…。その通りです。
　　　　 ほとんどの大学生が大企業に就職したいと思ってい
　　　　 るので。正直、大企業に就職できるか分かりませ
　　　　 ん。最近はもっと厳しくなりました。

ナナミ ドンヒさんは頭も良くて日本語も上手なので大丈夫
　　　　 です。あっ、日本の大企業に就職したらどうですか。

ドンヒ 考えてみます。

새로운 단어

卒業 졸업 | 大企業 대기업 | 狭き門 좁은 문 | その通りです 맞습니다 | ほとんど 거의 대부분 |
正直 솔직히 | 頭 머리 | 上手だ 잘하다

일본 여행 맛보기

◇ 일본의 다양한 관광 도시,

홋카이도, 후쿠오카, 오키나와

1. 홋카이도(北海道)

홋카이도는 대자연을 만끽할 수 있는 아름다운 자연 경관들이 곳곳에 있다. 특히 홋카이도 동부에 있는 시레토코반도(知床半島)는 원시 자연의 생태계가 그대로 보존되어 있는 곳으로 유네스코 세계자연유산으로 등재되어 있다. 이곳은 원시림과 함께 아름다운 호수나 폭포를 감상할 수 있으며 독수리, 곰, 여우 등 일본 본토에서 보기 힘든 야생동물들도 자연 상태의 모습으로 볼 수 있다.

홋카이도는 이 대자연에서 나는 농산물이나 해산물도 풍부하다. 농산물은 쌀이나 보리, 밀은 물론이고 감자, 옥수수, 우유, 속이 주황색인 멜론 등이, 해산물은 연어, 대개 등이 유명하다. 또한 농산물 중 보리, 밀이나 우유를 가공하여 만든 맥주, 치즈, 우유를 원재로 사용한 각종 과자 등도 특산물로 널리 알려져 있다.

홋카이도는 자연 외에도 홋카이도만의 볼거리가 많다. 홋카이도에서 가장 큰 도시인 삿포로(札幌)에서는 매년 2월 초에 눈 축제(雪まつり)를 개최하는데 눈과 얼음으로 만든 일본의 캐릭터나 국내외를 상징하는 건물 등 다양한 조각상을 볼 수 있다. 삿포로에서 당일치기로 갔다 올 수 있는 오타루(小樽)에서는 오타루 운하(小樽運河)라는 근대 유럽 방식의 건물들과 가스등이 남아 있어서 이국적인 정취를 느낄 수 있다.

오타루 운하의 모습(왼쪽)과 눈 축제 장소(오른쪽)

학교도 시작하니까 바빠집니다.

2. 후쿠오카(福岡)

후쿠오카는 규슈에서 가장 큰 도시가 있는 지역이며 규슈의 현관문 역할을 하고 있다. 지리적으로 가까워서 많은 한국인 관광객들이 찾아가므로 시내 곳곳에서 한국어 안내판을 볼 수 있다. 후쿠오카는 먹거리로 매우 유명한 곳이며 특히 후쿠오카 3대 명물이라 불리는 돈코쓰라면(豚骨ラーメン), 곱창 전골(もつ鍋), 명란젓(明太子)은 후쿠오카를 방문했다면 꼭 먹어 봐야 한다.

돈코쓰라면(왼쪽)과 명란젓(오른쪽)

3. 오키나와(沖縄)

오키나와는 일본에 편입되기 전에 존재했던 류큐왕국(琉球王国)의 역사와 문화가 살아 숨쉬며, 이국적인 정서를 느낄 수 있어 특별한 곳이다. 일본의 하와이라고 불리는 오키나와는 1년 내내 온화한 날씨이며 일본 국내에서도 많은 사람들이 휴양 목적으로 찾아간다. 오키나와는 일본스럽지 않은 아름다운 바다로 유명하며 스노클링이나 스쿠버다이빙을 좋아하는 사람들은 꼭 체험해 봐야 한다.

오키나와 성곽과 아름다운 바다

부록

제1과 p.11

회화

동희 여보세요, 나나미 씨?

나나미 동희 씨? 오랜만이에요.

동희 지난번에는 신세를 졌습니다.

나나미 아니에요. 일전에는 즐거웠어요.

동희 나나미 씨 덕분에 맛있는 것을 많이 먹었어요. 정말 만족했어요.

나나미 그럼 다행이에요.

동희 씨, 그런데 언제 일본에 오세요?

동희 지금 계획 중이에요. 이번에는 관광 중심이 좋겠어요.

나나미 알겠어요. 그럼 또 연락 주세요.

플러스 회화 p.17

나나미 동희 씨는 뭐가 맛있었어요?

동희 글쎄요. 저는 초밥이 맛있었어요.

생선이 크고 신선했어요.

나나미 역시 초밥이 인기네요.

예전에는 초밥은 일본에서도 비쌌는데, 지금은 회전초밥 덕에 싸고 맛있는 초밥이 많이 있어요.

동희 그러고 보니 소고기덮밥도 싸서 놀랐어요.

한끼 300엔 정도면 싸죠.

나나미 그렇지요. 소고기덮밥은 서민의 편이니까요.

제2과 p.23

회화

동희 나나미 씨, 여행 계획을 세웠어요.

나나미 그래요? 어떤 느낌이에요?

동희 이번에는 오사카, 교토, 나라 중심으로 관광하고 싶어요.

먼저 오사카에서 성이나 길거리 풍경을 볼 생각이에요.

다음으로 교토나 나라에서 신사나 절을 볼 생각이에요. 그리고 나나미 씨의 출신인 고베도 가고 싶어요.

나나미 좋아요.

동희 아, 역시 오사카에 가기 전에 도쿄에도 가고 싶어요.

나나미 저는 일이 있으니까 도쿄는 좀 그래요….

동희 아, 괜찮아요.

플러스 회화 p.29

나나미 동희 씨, 괜찮아요.

제가 도쿄 친구를 소개할게요.

동희 정말이에요?

나나미 네, 물론이에요.

걔는 고등 학교 때 친구이고 지금은 프리터예요.

시간은 많을 거예요.

동희 감사합니다. 실은 걱정했어요.

나나미 역시 그럴 줄 알았어요.

이게 연락처예요. 이름은 가이토예요.

동희 일본에 가기 전에 라인으로 한 번 연락하겠습니다.

제3과 p.35

회화

가이토 이야기는 나나미한테서 많이 들었어요.

역시 도쿄타워 같은 게 보고 싶지요?

동희 네. 그리고 테마파크도 가고 싶어요.

가이토 그럼 내일은 도쿄타워에 가기 쉬운 가장 가까운 역인 시바공원에서 9시에 만나는 게 어때요?

동희 죄송해요. 9시는 너무 일러요.

8시에 공항 도착이고 호텔에 바로 짐을 두고 싶어서.

가이토 그럼 10시는 어때요?

동희 괜찮아요. 내일부터 잘 부탁드립니다.

가이토 알겠어요. 그럼 내일 봐요.

본문 회화 해석

• 회화 •

동희   여보세요, 지금 도쿄 역으로 가고 있어요.

나나미   네. 신칸센을 타고 나서 또 연락해 주세요.

동희   신오사카까지 자유석 한 장 부탁드립니다.

역무원   네, 여기요.

동희   저기, 노조미, 히카리, 고다마가 있는데요,
           무엇이든 타도 돼요?

역무원   노조미는 요금이 조금 다르니까
           이 표로 타서는 안 됩니다.
           히카리와 고다마는 타도 되는데요,
           히카리가 고다마보다 빠릅니다.
           지금 막 역에 도착해 있습니다.

• 플러스 회화 •   p.77

동희   나나미 씨, 조금 전에 아타미를 지나서 지
           금 시즈오카로 가고 있어요. 아, 후지산이 보
           여요.

나나미   동희 씨, 그런데 지금 어디에 있어요?

동희   네? 물론 지금 자리에 앉아 있는데요.

나나미   동희 씨…. 신칸센은 자리에서 전화해서는
           안 돼요.

동희   어, 그래요?

나나미   네, 그래요.

동희   죄송해요. 앞으로 조심할게요.

나나미   전화는 덱에서 해 주세요.

동희   네, 알았어요.

• 회화 •

나나미   동희 씨, 오사카에 어서 오세요. 바로 관광이
           죠?

동희   저기, 조금 쉬어도 될까요?

나나미   어, 이제부터 관광하는데 벌써 피곤해요?

동희   도쿄에 오고 나서 계속 놀았으니까요….
           오사카에 오기 전에 이미 체력을 써 버렸어요.

나나미   그럼 뭐라도 먹고 힘을 붙일까요?

동희   네. 꼭 그렇게 해 주세요.
           오사카에 왔으니까 명물인 다코야키를 먹어
           보고 싶어요.

나나미   그럼 다코야키를 먹으면서 조금 쉴까요?

동희   대찬성이에요.

• 플러스 회화 •   p.89

나나미   배도 채웠으니까 슬슬 걷기 시작할까요?

동희   네, 이제 괜찮아요.

나나미   동희 씨, 도착했어요.
           여기가 도톤보리이고 지금 서 있는 장소가
           에비스바시예요.
           그리고 저것이 유명한 구리코 간판이에요.

동희   저기, 사진 찍어도 될까요?

나나미   네, 그러세요. 마음껏 찍으세요.

동희   어라? 없어요! 저 휴대폰 잃어버렸어요.

나나미   동희 씨, 제대로 찾아보세요.

동희   아, 죄송해요. 주머니 속에 있었어요.

• 회화 •

나나미   동희 씨는 성을 본 적이 있어요?

동희   아니요, 처음 봤어요.

나나미   오사카성은 일본의 성 중에서도 특히 유명하
           고, 지금부터 400년 이상 전에 도요토미 히
           데요시가 지었어요.

동희   오, 그렇군요. 근데 새것처럼 보여요.

나나미   실은 전쟁으로 타 버렸지만 전쟁이 끝난 후
           에 다시 지었어요.

동희   어쩐지 깨끗했어요.

나나미   동희 씨, 지금부터 또 이동하니까 화장실에
           가는 편이 낫겠는데요.

동희   저 아까 갔으니까 괜찮아요.

p.101

플러스 회화

나나미 점심은 어떻게 할까요?

동희 그럼, 오코노미야키는 어때요?

나나미 괜찮아요.

나나미 동희 씨는 오사카 풍은 먹은 적이 있어요?

동희 오사카 풍이요?

나나미 오사카 풍은 오코노미야키의 건더기를 전부 섞은 후에 구워요.

동희 그럼 먹은 적이 있어요.

한국의 오코노미야키는 오사카 풍이 중심이에요.

동희 잘 먹겠습니다.

나나미 철판에서 접시로 옮겨서 먹는 편이 낫겠는데요.

동희 아, 뜨거워!

제9과

p.107

회화

나나미 기요미즈 절은 정말 오랜만이에요.

동희 나나미 씨는 교토에 자주 와요?

나나미 아뇨, 수학여행으로밖에 온 적이 없어요.

동희 고베에 살면서 아깝네요.

저는 집이 가까우면 매주 오고 싶어요.

나나미 그럼 동희 씨는 나중에 교토에 살면 어때요?

동희 제가 부자라면 생각해 보겠지만요.

나나미 그건 그렇고 경치를 보세요.

동희 와, 교토의 거리 풍경이 예쁘게 보여요.

조금만 더 가까이 가면 잘 보일 것 같은데요.

나나미 떨어지면 큰일이니까 하지 마세요.

플러스 회화

p.113

동희 와, 금각사는 금색이고 화려해요.

정말 금으로 만든 거예요?

나나미 네, 금박으로 만들었어요.

동희 그러고 보니 은각사도 있지요?

역시 교토에 오면 금각사와 은각사예요.

나나미 씨, 다음은 은각사에 가는 것이 어때요?

나나미 오늘은 좀 그래요…. 지금부터 은각사에 가면 닫혀 있을 거예요. 은각사는 금각사와 떨어져 있으니까요.

동희 오늘밖에 기회가 없는데 정말 아쉽네요.

제10과

p.119

회화

동희 와, 사슴이 많아요.

나나미 씨, 사슴에게 과자를 줘도 돼요?

나나미 아니에요. 일반 과자로는 먹이 주기는 못해요.

동희 씨, 조금만 기다리고 계세요.

나나미 자, 여기요. 사슴 과자예요.

사슴 전용 과자이고 나라공원에서 살 수 있어요.

동희 이건 사람도 먹을 수 있어요?

나나미 아마도 먹을 수 있을 것 같은데요.

동희 나나미 씨, 사슴이 가까이 와요.

나나미 동희 씨, 빨리 사슴 과자를 주세요.

사슴이 뿔로 찌를지도 몰라요.

플러스 회화

p.125

동희 도다이 절의 불상은 엄청 커요.

이렇게 큰 불상을 만들 수 있는 것이 신기해요.

나나미 동희 씨, 이쪽으로 좀 오세요.

동희 네, 뭐예요?

나나미 동희 씨, 하시라쿠구리를 해 보면 어때요?

기둥 구멍을 빠져 나갈 수 있으면 무병식재라는 혜택이 있어요.

동희 헉, 구멍이 작아서 걸릴지도 모르겠어요.

나나미 동희 씨는 날씬하니까 괜찮아요.

동희 아, 빠져 나갈 수 있네요.

나나미 동희 씨는 빠져 나갈 수 있었으니까 무병식재예요.

본문 회화 해석

제11과 p.131

• 회화 •

나나미 고베에 오면 고베규 스테이크예요.

동희 근데 고베규는 엄청 비싸지 않아요?

일본에서 최고급 명품 소고기죠?

나나미 괜찮아요. 제가 특별히 살게요.

동희 어머. 나나미 씨가 사 줘요?

나나미 저 그래도 일하니까 조금은 돈이 있어요.

오늘은 뭐든지 좋아하는 것을 고르세요.

동희 아, 메뉴를 보니까 정말 비싼데요….

나나미 동희 씨. 걱정할 필요는 업습니다.

실은 지인이 이 가게에서 일하니까

계산대에서 조금 싸게 해 줘요.

• 플러스 회화 • p.137

동희 실례하겠습니다.

나나미 어머니 동희 씨, 어서 와요. 나나미 엄마입니다.

나나미가 제대로 안내 잘했어요?

동희 네. 나나미 씨가 일본을 많이 안내해

줬어요.

나나미 어머니 그건 다행이네요.

나나미, 동희 씨에게 주스 내 줘.

동희 아닙니다, 신경 쓰지 마세요. 주스는 괜

찮습니다.

나나미 어머니 동희 씨, 사양하지 마세요.

동희 실은 화장실에 가고 싶어서요.

화장실 써도 될까요?

나나미 어머니 아, 어서 쓰세요. 편하게 쓰세요.

제12과 p.143

• 회화 •

동희 나나미 씨. 이번 여행도 너무 즐거워서 순식

간이었어요.

또 함께 여행할 수 있으면 좋겠어요.

나나미 저도요. 다음은 어디로 가고 싶어요?

동희 저 혼슈밖에 간 적이 없어요.

다음에는 홋카이도라든지 규슈, 오키나와가

좋겠어요.

나나미 알았어요. 그럼 언제 또 올 생각이에요?

동희 그게…. 실은 당분간 올 수 있을지 모르겠어

요.

돈도 없고 학교도 시작하니까 바빠질 것 같

아요.

빨리 회사원이 돼서 돈을 열심히 벌고 싶어

요.

나나미 동희 씨. 회사원이 되면 돈은 있겠지만 시간

이 없어져요….

• 플러스 회화 • p.149

나나미 동희 씨. 대학을 졸업하면 뭐가 되고 싶어

요?

동희 저는 졸업한 후 역시 대기업에서 일하고 싶

어요.

나나미 그렇군요. 근데 한국의 대기업은 좁은 문이

잖아요?

동희 네…. 맞아요.

거의 모든 학생이 대기업에 취업하고 싶어

해서요. 솔직히 대기업에 취업할 수 있을지

모르겠어요. 최근에는 더 어려워졌어요.

나나미 동희 씨는 머리도 좋고 일본어도 잘하니까

괜찮을 거예요. 아, 일본의 대기업에 취업하

면 어때요?

동희 생각해 볼게요.

제1과   p.16

1. ① 先日はお世話になりました。
② 友だちのおかげで助かりました。
③ ホテルの朝食は満足でした。

2. ① いつ日本に来ましたか。
② この前の旅行は楽しかったです。
③ 次の電車に間に合いました。

3. 질문 ▶ あのう、お土産はどうでしたか。
① まずいです。
② おいしいでした。
③ 甘かったです。

제2과   p.28

1. ① チェックインする前に予約を確認します。
② 東京まで新幹線で来ました。
③ 今日から1泊2日で宿泊するつもりです。

2. ① 冬休みで駅に人がたくさんいます。
② 昼はデパートで寿司を食べるつもりです。
③ あっちのキーホルダーがかわいいと思います。

3. 질문 ▶ あのう、このかばんはどうですか。
① 良かったと思います。
② かっこいいと思います。
③ 明日買うつもりです。

제3과   p.40

1. ① バスで行くのは大変ですか。
② 秋は天気が良くて、旅行しやすいです。
③ 日本の地下鉄は高すぎです。

2. ① 荷物が重たくて、運びにくいです。
② バス停からホテルまで行きやすいですか。
③ 6時に待ち合わせするのはどうですか。

3. 질문 ▶ あのう、渋谷駅で会うのはどうですか。
① 行きにくいので、ちょっと…。
② ちょっと早すぎです。
③ 過ごしやすいですか。

제4과   p.52

1. ① 駅から空港までの行き方を教えます。
② ジュースを飲みながら携帯を見ます。
③ あれはスカイツリーというタワーです。

2. ① 電車に乗って景色を見ながら東京を一周します。
② 駅員さんに聞いて、切符の買い方を確認しました。
③ カフェに行ってコーヒーを飲みながら友だちと話します。

3. 질문▶ あのう、旅行はどうでしたか。
① 本当に行って良かったです。
② ホテルの予約のし方が分かりません。
③ テレビを見ながら休みます。

제5과　　　　　　　　　　p.64

1. ① 居酒屋でビールを飲んでみたいです。
② 一緒にお会計してください。
③ 観光してからホテルに戻りました。

2. ① 食事をしてから空港に行ってください。
② 日本で本場の寿司を食べてみたいです。
③ 最近友だちが中国語を習いはじめました。

3. 질문▶ 私明日から日本旅行に行きます。
① 私も行ってみたかったです。
② 思う存分遊んで来てください。
③ 最近寿司を食べはじめました。

제6과　　　　　　　　　　p.76

1. ① トイレを使ってもいいですか。
② 列に割り込みしてはだめです。
③ 空港で彼を待っています。

2. ① 大阪に台風が接近しています。

② ひかりとこだまは乗ってもいいです。
③ 電車の中で大きな声で話してはだめです。

3. 질문▶ あのう、予約をキャンセルしてもいいですか。
① 予約してはだめです。
② 今予約しています。
③ はい、大丈夫です。

제7과　　　　　　　　　　p.88

1. ① このホテルは高いのに親切じゃないです。
② 電車の時間に遅れちゃいました。
③ 秋なのに、昨日は猛暑日でした。

2. ① パスポートを部屋の中に忘れちゃいました。
② 限定商品なので、売り切れちゃいました。
③ 雨が降っているのに、外に出ますか。

3. 질문▶ あのう、どうしましたか。
① 財布を落としちゃいました。
② バッグをレジの横に置いてきちゃいました。
③ 携帯を盗まれちゃいました。

제8과 p.100

1. ① 商品を受け取った後、中身を確認してください。

② 新幹線に乗ったことがあります。

③ トイレに行ったほうがいいと思います。

2. ① 本場の寿司を食べたことがありますか。

② デパートは平日に行ったほうがいいです。

③ シャワーをした後、湯舟につかってください。

3. 질문 ▶ あのう、日本は初めてですか。

① いえ、日本に来たことがあります。

② ええ、牛丼は初めてです。

③ いえ、日本に来たことがないです。

제9과 p.112

1. ① 空港に着いたら、もう一度連絡します。

② カードしかないですけど、いいですか。

③ お金を節約したいので、コンビニ弁当だけ食べます。

2. ① すみません。1万円しかありません。

② 案内を読んだらサインしてください。

③ 東京に住んだら どうですか。

3. 질문 ▶ あのう、1円ありますか。

① 今大きいお金しかないです。

② 両替したらどうですか。

③ これは私のお金です。

제10과 p.124

1. ① すみません。彼女は肉料理が食べられません。

② 明日は台風が来るかもしれません。

③ 牛丼は24時間食べることができます。

2. ① これ一本で奈良公園に行けますか。

② 飲食は持ち込むことができません。

③ 大雨で運転を見合わせるかもしれません。

3. 질문 ▶ あのう、電車はいつ来ますか。

① 大丈夫です。一本で来れます。

② 事故で少し遅れるかもしれません。

③ 24時間乗れます。

제11과 p.136

1. ① 妹にお小遣いをやります。

② 大丈夫です。お節介は無用です。

③ すみません、駅の場所を教えてくれませんか。

2. ① 弟の旅行の手配をしてあげます。

② 彼女のスーツケースを持ってあげます。

③ 飛行機に乗ったら、記念品をくれました。

3. 질문 ▶ あのう、どこに行きますか。

① すみません、空港まで行ってくれますか。

② 空港まで送ってあげますか。

③ 空港まで送ってもらいます。

제12과
p.148

1. ① すみません、駅がどこにあるか分かりません。

② あのう、もっと安くなりますか。

③ これが初めての日本旅行になります。

2. ① 日本のテレビ番組で紹介されて有名になりました。

② 今日から連休で観光客が多くなりました。

③ あのう、満何歳になりますか。

3. 질문 ▶ うわぁ、この定食屋は人がたくさん並んでいます。

① 明日テレビに出て有名になります。

② 最近まずくなりました。

③ いつ中に入って食べれるか分かりません。

🎵 트랙 목차

1. A: 日本の 食べ物 はどうでしたか。　B: 日本の 食べ物 は おいしかったです。

① 交通費、高い

A: _____

B: _____

② 温泉、いい

A: _____

B: _____

③ 夏、蒸し暑い

A: _____

B: _____

2. A: 日本の 豚骨ラーメン はどうでしたか。

B: 日本の 豚骨ラーメン は 濃厚でした。

① 旅館、すてきだ

A: _____

B: _____

② 電車、静かだ

A: _____

B: _____

③ ドラッグストア、激安だ

A: _____

B: _____

3. A: 日本 で何をしましたか。　B: 寿司を食べました。

① 東京、ショッピングする

A: _____

B: _____

② 大阪、テーマパークに行く

A: _____

B: _____

③ 京都、抹茶を飲む

A: _____

B: _____

제2과　お城とか街並みを見るつもりです。

1. A: あのう、これはどうですか。　B: <u>かわいい</u> と思います。

① かっこいい

A: _____

B: _____

② すてきだ

A: _____

B: _____

③ 似合う

A: _____

B: _____

2. A: <u>明日</u> は何をするつもりですか。　B: <u>明日</u> は <u>京都に行く</u> つもりです。

① 日曜日、ショッピングする

A: _____

B: _____

② 今日、友だちに会う

A: _____

B: _____

③ 金曜日、テーマパークで遊ぶ

A: _____

B: _____

3. A: 日本に行く 前に何をしますか。　B: 日本に行く 前に 銀行で両替します。

① ホテルに戻る、買い物する

A: _____

B: _____

② レストランに行く、予約する

A: _____

B: _____

③ 韓国に帰る、お土産を買う

A: _____

B: _____

1. A: あのう、このスーツケースはどうですか。　B: <u>運びやすい</u> です。

　① 使う

　　A: _____

　　B: _____

　② 持つ

　　A: _____

　　B: _____

　③ 収納する

　　A: _____

　　B: _____

2. A: あのう、ホテル はどうでしたか。　B: <u>探しにくかった</u> です。

　① お土産、食べる

　　A: _____

　　B: _____

　② 地下鉄、乗り換えする

　　A: _____

　　B: _____

　③ レストラン、予約を取る

　　A: _____

　　B: _____

3. A: あのう、9時{じ}はどうですか。

B: ホテルに荷物{にもつ}を置{お}く のでちょっと早{はや}すぎ ます。

① 日本酒{にほんしゅ}、お酒{さけ}に弱{よわ}い、強{つよ}い

A: _____

B: _____

② 12時{じ}、有名{ゆうめい}なお店{みせ}、遅{おそ}い

A: _____

B: _____

③ あのカフェ、人{ひと}が多{おお}い、うるさい

A: _____

B: _____

제4과　本当に来て良かったです。

1.　A: あのう、どうしました。

　　B: すみません、駅までの 行き方 が 分かりません。

　①　ロッカーの使う

　　　A: ＿＿＿＿＿＿＿＿＿＿＿＿＿＿＿＿＿＿＿＿＿＿＿＿

　　　B: ＿＿＿＿＿＿＿＿＿＿＿＿＿＿＿＿＿＿＿＿＿＿＿＿

　②　テレビの見る

　　　A: ＿＿＿＿＿＿＿＿＿＿＿＿＿＿＿＿＿＿＿＿＿＿＿＿

　　　B: ＿＿＿＿＿＿＿＿＿＿＿＿＿＿＿＿＿＿＿＿＿＿＿＿

　③　免税のする

　　　A: ＿＿＿＿＿＿＿＿＿＿＿＿＿＿＿＿＿＿＿＿＿＿＿＿

　　　B: ＿＿＿＿＿＿＿＿＿＿＿＿＿＿＿＿＿＿＿＿＿＿＿＿

2.　A: あのう、食事 はどうしました。　B: 外で食べて 来ました。

　①　両替、韓国で換える

　　　A: ＿＿＿＿＿＿＿＿＿＿＿＿＿＿＿＿＿＿＿＿＿＿＿＿

　　　B: ＿＿＿＿＿＿＿＿＿＿＿＿＿＿＿＿＿＿＿＿＿＿＿＿

　②　お土産、飛行機で予約する

　　　A: ＿＿＿＿＿＿＿＿＿＿＿＿＿＿＿＿＿＿＿＿＿＿＿＿

　　　B: ＿＿＿＿＿＿＿＿＿＿＿＿＿＿＿＿＿＿＿＿＿＿＿＿

　③　チケット、駅前で買う

　　　A: ＿＿＿＿＿＿＿＿＿＿＿＿＿＿＿＿＿＿＿＿＿＿＿＿

　　　B: ＿＿＿＿＿＿＿＿＿＿＿＿＿＿＿＿＿＿＿＿＿＿＿＿

3. A: あのう、日曜日は何をしますか。　　B: タワーに登って 景色を見ます。

① 原宿に行く、服を買う

A: _____

B: _____

② 自転車に乗る、スーパーに行く

A: _____

B: _____

③ コーヒーを飲む、休む

A: _____

B: _____

1.　A: あのう、日本<small>にほん</small>で何<small>なに</small>してみたいですか。　B: 居酒屋<small>いざかや</small>に行<small>い</small>ってみたいです。

　①　車<small>くるま</small>を運転<small>うんてん</small>する

　　　A: ＿＿＿＿＿＿＿＿＿＿＿＿＿＿＿＿＿＿＿＿＿＿＿＿＿＿＿

　　　B: ＿＿＿＿＿＿＿＿＿＿＿＿＿＿＿＿＿＿＿＿＿＿＿＿＿＿＿

　②　花火<small>はなび</small>を見<small>み</small>る

　　　A: ＿＿＿＿＿＿＿＿＿＿＿＿＿＿＿＿＿＿＿＿＿＿＿＿＿＿＿

　　　B: ＿＿＿＿＿＿＿＿＿＿＿＿＿＿＿＿＿＿＿＿＿＿＿＿＿＿＿

　③　日本人<small>にほんじん</small>と日本語<small>にほんご</small>で話<small>はな</small>す

　　　A: ＿＿＿＿＿＿＿＿＿＿＿＿＿＿＿＿＿＿＿＿＿＿＿＿＿＿＿

　　　B: ＿＿＿＿＿＿＿＿＿＿＿＿＿＿＿＿＿＿＿＿＿＿＿＿＿＿＿

2.　A: あのう、日本語<small>にほんご</small> ですか。　B: はい、大学<small>だいがく</small>で習<small>なら</small>いはじめました。

　①　お酒<small>さけ</small>、6時<small>じ</small>から飲<small>の</small>む

　　　A: ＿＿＿＿＿＿＿＿＿＿＿＿＿＿＿＿＿＿＿＿＿＿＿＿＿＿＿

　　　B: ＿＿＿＿＿＿＿＿＿＿＿＿＿＿＿＿＿＿＿＿＿＿＿＿＿＿＿

　②　運転再開<small>うんてんさいかい</small>、今動<small>いまうご</small>く

　　　A: ＿＿＿＿＿＿＿＿＿＿＿＿＿＿＿＿＿＿＿＿＿＿＿＿＿＿＿

　　　B: ＿＿＿＿＿＿＿＿＿＿＿＿＿＿＿＿＿＿＿＿＿＿＿＿＿＿＿

　③　モバイル決済<small>けっさい</small>、最近使<small>さいきんつか</small>う

　　　A: ＿＿＿＿＿＿＿＿＿＿＿＿＿＿＿＿＿＿＿＿＿＿＿＿＿＿＿

　　　B: ＿＿＿＿＿＿＿＿＿＿＿＿＿＿＿＿＿＿＿＿＿＿＿＿＿＿＿

3. A: あのう、どうやって 免税しますか。
B: 商品を買ってから 免税カウンターに行ってください。

① 切符を買う、お金を入れる、ボタンを押す

A: _____

B: _____

② 空港に行く、駅まで歩く、バスに乗る

A: _____

B: _____

③ 返品する、レシートを持って、売り場に来る

A: _____

B: _____

제6과　この切符で乗ってはだめです。

1. A: あのう、お酒を飲んでもいいですか。　B: 大丈夫です。

① 返品する

A: _____

B: _____

② クーポンを使う

A: _____

B: _____

③ パスポートを見る

A: _____

B: _____

2. A: あのう、今何をしていますか。　B: ご飯を食べています。

① 外に出る

A: _____

B: _____

② 車を運転する

A: _____

B: _____

③ 新幹線で大阪に向かう

A: _____

B: _____

3. A: あのう、タバコを吸ってもいいですか。　　B: タバコを吸ってはだめです。

① エレベーターで電話する

A: _____

B: _____

② となりに座る

A: _____

B: _____

③ 日本でお金を換える

A: _____

B: _____

제7과　もう体力を使っちゃいました。

1. A: あのう、約束の時間が過ぎましたけど。

B: すみません。電車に乗り遅れちゃいました。

① 時間を間違える

A: _____

B: _____

② 渋滞にはまる

A: _____

B: _____

③ 道に迷う

A: _____

B: _____

2. A: あのう、カードキー　はどうしましたか。

B: あれ？　部屋の中に忘れちゃいました。

① 携帯、レジの横に置いてくる

A: _____

B: _____

② チケット、落とす

A: _____

B: _____

③ 財布、盗まれる

A: _____

B: _____

3. A: ホテル は大丈夫でしたか。　B: 中は静かな のに、外はうるさかったです。

① 飛行機、料金は高い、サービスが悪い

　　A: _____

　　B: _____

② トイレ、外はきれいだ、中は汚い

　　A: _____

　　B: _____

③ レストラン、人気がある、料理はまずい

　　A: _____

　　B: _____

제8과 戦争が終わった後、また建てました。

1. A: あのう、今日は何しますか。　B: 今日は <u>食事した後、ホテルで休みます</u>。

① 空港に着く、お土産を見る

A: _____

B: _____

② 観光する、居酒屋でお酒を飲む

A: _____

B: _____

③ 両替する、免税店に行く

A: _____

B: _____

2. A: あのう、<u>スーツケース</u> はどうしたほうがいいですか。

B: <u>宅急便で送ったほうがいいです</u>。

① 切符、金券ショップで買う

A: _____

B: _____

② 人気商品、インターネットで事前に注文する

A: _____

B: _____

③ 朝食、コンビニで済ます

A: _____

B: _____

3. A: 日本に行ったことがありますか。

B: はい、行ったことがあります / いいえ、行ったことがありません。

① 梅干しを食べる

　　A: _____

　　B: _____

② 地震に遭う

　　A: _____

　　B: _____

③ 海外旅行する

　　A: _____

　　B: _____

제**9**과　落ちたら大変なので、やめてください。

1. A: あのう、これもっとありますか。

B: すみません。在庫は今 <u>これ</u> しかありません。

① 店にあるの

A: _____

B: _____

② 出ているの

A: _____

B: _____

③ 残っているの

A: _____

B: _____

2. A: あのう、今からちょっと休憩を取ります。

B: <u>飲み物を買ったら</u>、また集まってください。

① コーヒーを飲む

A: _____

B: _____

② トイレに行く

A: _____

B: _____

③ 軽く食事する

A: _____

B: _____

3. A: あのう、<ruby>京都<rt>きょうと</rt></ruby>に<ruby>住<rt>す</rt></ruby>んだら どうですか。

B: <ruby>お金持<rt>かねも</rt></ruby>ちだったら、<ruby>考<rt>かんが</rt></ruby>えてみます。

① <ruby>抹茶<rt>まっちゃ</rt></ruby>パフェを<ruby>食<rt>た</rt></ruby>べる、<ruby>友<rt>とも</rt></ruby>だちが<ruby>好<rt>す</rt></ruby>きだ

A: _____

B: _____

② <ruby>外<rt>そと</rt></ruby>に<ruby>出<rt>で</rt></ruby>る、<ruby>天気<rt>てんき</rt></ruby>が<ruby>良<rt>い</rt></ruby>い

A: _____

B: _____

③ <ruby>人力車<rt>じんりきしゃ</rt></ruby>に<ruby>乗<rt>の</rt></ruby>る、<ruby>お金<rt>かね</rt></ruby>がある

A: _____

B: _____

1. A: あのう、電車 は大丈夫ですか。

B: 大雨で運転を見合わせる かもしれません。

① 新幹線、大雪で遅延する

A: _____

B: _____

② バス、事故で渋滞する

A: _____

B: _____

③ 飛行機、台風で欠航する

A: _____

B: _____

2. A: あのう、鹿にエサやりする ことができますか。

B: ええ、エサやりできます / いえ、エサやりできません。

① ホテルに荷物を預ける

A: _____

B: _____

② お酒を飲む

A: _____

B: _____

③ 右ハンドルで運転する

A: _____

B: _____

3. A: あのう、人間も食べられますか。

B: ええ、食べれます / いえ、食べれません。

① 梅干しを食べる

A: _____

B: _____

② エクストラベッドで寝る

A: _____

B: _____

③ 駅まで来る

A: _____

B: _____

제11과 レジでちょっと安くしてもらいます。

1. A: あのう、本当に大丈夫ですか。

B: ええ、本当に大丈夫ですので。心配は無用です。

① 遠慮

A: _____

B: _____

② 手伝い

A: _____

B: _____

③ お節介

A: _____

B: _____

2. A: あのう、空港まで送ってくれますか。

B: もちろんです。空港まで送ってあげます。

① もうちょっと安くする

A: _____

B: _____

② 道を教える

A: _____

B: _____

③ 一緒にご飯を食べる

A: _____

B: _____

3. A: あのう、部屋に何か問題がありますか。

B: ええ、臭いがするので換えてもらいたいです。

① トイレ、壊れている、直す

    A: _____

    B: _____

② 料理、しょっぱい、薄める

    A: _____

    B: _____

③ 商品、汚れがある、交換する

    A: _____

    B: _____

1. A: あのう、この<ruby>店<rt>みせ</rt></ruby>の<ruby>料理<rt>りょうり</rt></ruby>の<ruby>味<rt>あじ</rt></ruby>はどうですか。　B: <ruby>前<rt>まえ</rt></ruby>より <ruby>辛<rt>から</rt></ruby>く なりました。

① しょっぱい

A: _____

B: _____

② おいしい

A: _____

B: _____

③ まずい

A: _____

B: _____

2. A: あのう、いつ <ruby>商品<rt>しょうひん</rt></ruby>が<ruby>入荷<rt>にゅうか</rt></ruby>しますか。

B: えっと、いつ <ruby>商品<rt>しょうひん</rt></ruby>が<ruby>入荷<rt>にゅうか</rt></ruby>するかわかりません。

① <ruby>中<rt>なか</rt></ruby>に<ruby>入<rt>はい</rt></ruby>って<ruby>食<rt>た</rt></ruby>べれる

A: _____

B: _____

② アトラクションの<ruby>運転<rt>うんてん</rt></ruby>が<ruby>再開<rt>さいかい</rt></ruby>する

A: _____

B: _____

③ ショーが<ruby>始<rt>はじ</rt></ruby>まる

A: _____

B: _____

3. A: あのう、化粧品 はどうですか。　B: 毎日使って 肌がきれいになりました。

① ケーキ屋、改装する、おしゃれだ

    A: _____

    B: _____

② 定食屋、テレビに出る、有名だ

    A: _____

    B: _____

③ 駅ビル、再開発する、にぎやかだ

    A: _____

    B: _____

◆ 요로시쿠(よろしく)는 일본어로 '잘 부탁해' 라는 뜻입니다.